gardez !

verlag

W0078647

GiG

GERMANISTIK IM GARDEZ!

Herausgegeben von
Dieter Kafitz
und
Walter Schmitz

Band 4

Gardez! Verlag
Mainz

Dagmar von Briel

Wolfgang Koeppen als Essayist

Selbstverständnis und essayistische Praxis

Gardez! Verlag

Mainz

Die Deutsche Bibliothek - CIP-Einheitsaufnahme

Briel, Dagmar von:
Wolfgang Koeppen als Essayist : Selbstverständnis und
essayistische Praxis / Dagmar von Briel. - Mainz : Gardez!-
Verl., 1996
(Germanistik im Gardez! ; Bd. 4)
Zugl.: Mainz, Univ., Magisterarbeit, 1995
ISBN 3-928624-29-6
NE: GT

Die vorliegende Arbeit wurde vom Fachbereich 13, Philologie I, der
Johannes Gutenberg-Universität Mainz 1995 als Hausarbeit zur Erlangung
des Grades eines Magister Artium (M.A.) angenommen.

© 1996 Michael Itschert, Gardez! Verlag,
Postfach 42 14 24, 55072 Mainz
Titelgestaltung: Nima Soraya
Alle Rechte vorbehalten.

Printed in Germany.

ISBN 3-928624-29-6

INHALT

7

1 Einleitung

1.1 Problemstellung

Wolfgang Koeppens nicht-fiktionale Texte werden Essays genannt. Dies geschicht aufgrund eines *common sense*, mit dessen Hilfe sogar ein Kanon von essayistischen Texten aufgestellt wird. Doch es gibt weder eine umfassende Gattungsbestimmung noch eine klare Definition, auch eine geschichtliche Betrachtung liefert keine exakte Abgrenzung dessen, was einen Text zum Essay macht. "Der klassische Essay ist ein Grenzfall der Literatur. Er steht zwischen Kunst und Wissenschaft, Denken und Schauen, Bild und Begriff."[1] Auf diese kurze Formel bringt Horst Krüger seine Essaydefinition, die repräsentativ für gängige Begriffsbestimmungen stehen kann. Doch schon die Frage, was unter einem klassischen Essay zu verstehen ist, führt direkt in die Problematik hinein.[2] Die Schwierigkeiten beim Aufstellen einer Kategorie des Klassischen für den Essay hängt eng mit dem Problem einer Gattungsbestimmung zusammen: "Es gehört seit geraumer Zeit zu den Topoi der Essayforschung, diesen Befund, daß nämlich eine Gattungsbestimmung außergewöhnlich schwierig sei und daher noch ausstehe, seinerseits als Topos zu bezeichnen."[3] Bei der Verleihung des Friedrich-Märker-Preises im Herbst 1994, einer der wichtigsten Auszeichnungen für Essayisten, stellt Eberhard Horst fest, daß es immer noch Unsicherheiten über die Zuordnung des Essays im literarischen Kanon gebe.[4] Das ist der Hintergrund, vor dem mit dieser Studie versucht werden soll, einen Ort für die nicht-fiktionalen Texte Wolfgang Koeppens zu finden. Unter Beachtung der divergierenden Forschungsergebnisse zum Gattungsbegriff *Essay* ist es Ziel, zu einem offenen Essayverständnis zu gelangen, das aus den Texten Koeppens heraus für seine Prosa entwickelt werden soll. Bis heute ist nicht untersucht worden, wie Koeppen mit den ästhetischen Mitteln,

---

[1] Krüger, Horst: Der Radioessay. *Versuch einer Bestimmung.* In: Neue Deutsche Hefte 12 (1964), Nr. 101, S. 97
[2] Vgl. Stanitzek, Georg: Abweichung als Norm? Über Klassiker der Essayistik und Klassik im Essay. In: Voßkamp, Wilhelm (Hg.): Klassik im Vergleich. Normativität und Historizität europäischer Klassiken. DFG-Symposion 1990, Stuttgart und Weimar 1993 (Germanistische Symposien Berichtsbände; 13), S. 594-615
[3] Stanitzek 1993, S. 595
[4] Vgl. Grill, Michael: Die Kunst des Essays gepflegt. In: Süddeutsche Zeitung Nr. 276 vom 1. Dezember 1994

die die Essayistik bereitstellt, umgeht und wie er ihr eine Schreibweise der Moderne, in deren Tradition er steht, abgewinnen kann.

Almut Todorow hat die Reiseberichte Koeppens untersucht und beschrieben, wie diese Texte "mit ästhetischen Mitteln den ursprünglichen Textbezug in ein umfassenderes Erkenntnisinteresse aufheben"[5]. Die Form des Essays und die des Reiseberichts stehen sich traditionell sehr nah, und Koeppen verfährt mit beiden Textsorten sehr ähnlich; deshalb lassen sich einige Ergebnisse Todorows auf Koeppens essayistische Realisierung seines poetischen Konzeptes in den Schriftstellerporträts übertragen. Man kann der "Frage nach der spezifischen Ästhetik dieser Texte durch eine Untersuchung des Zusammenspiels der unterschiedlichen Textintentionen und Textfunktionen näherkommen"[6].

Eine Beschreibung des Selbstbildes Koeppens als Schriftsteller wird dieser Arbeit vorangestellt werden, um ein besseres Verständnis darüber zu erlangen, weshalb die literarische Subjektkonstitution zu einem Kernproblem in Koeppens Werk heranwachsen muß. Koeppens Probleme mit einem authentischen Erzähler-Ich, mit Fiktion generell, stehen in einem engen Zusammenhang mit seiner virtuosen Sprache. Die Argumentation wird hierin Helmut Heißenbüttel folgen, der zuerst die Selbstentfremdung des Subjekts thematisiert hat, die in Koeppens Texten zur Sprache kommt[7], und überdies auf Hans-Ulrich Treichel eingehen, der im Anschluß daran dieses Thema umfassend ausgearbeitet hat[8].

Für die Darstellung der Schreibpraxis Wolfgang Koeppens werden Gedanken und Ergebnisse der strukturalistischen bzw. auch der poststrukturalistischen Literaturwissenschaft herangezogen, da diese Texttheorien der Komplexität der Sprachstruktur und Ich-Konstitution bei Koeppen gerecht werden.

Roland Barthes Texttheorie mit der Unterscheidung von *style* und *écriture*[9] wird dort wichtig, wo es darum geht, den Bruch zwischen Koeppens Selbstverständnis, seiner Suche nach einem authentischen Subjekt im Text und seiner Sprache sichtbar zu machen.

---

[5] Todorow, Almut: Publizistische Reiseprosa als Kunstform: Wolfgang Koeppen. In: Deutsche Vierteljahrsschrift für Literaturwissenschaft und Geistesgeschichte 60 (1986), S. 136

[6] Todorow 1986, S. 139

[7] Vgl. Heißenbüttel, Helmut: Literatur als Aufschub von Literatur? Über den späten Wolfgang Koeppen. In: Text und Kritik, Wolfgang Koeppen, München 1972, Heft 34, S. 33-37

[8] Vgl. Treichel, Hans-Ulrich: Fragment ohne Ende: eine Studie über Wolfgang Koeppen, Heidelberg 1984 (Reihe Siegen; Beiträge zur Literatur- und Sprachwissenschaft; 54)

[9] Vgl. Barthes, Roland: Am Nullpunkt der Literatur [zuerst 1953], Frankfurt/Main 1982

9

Jedoch kann diesen poststrukturalistischen Theoremen nur in bestimmten Berei-
chen gefolgt werden, da es nach deren Auffassung Literaturgattungen wie den
Essay nicht mehr gibt. Geht man mit Ferdinand de Saussure davon aus, daß kein
Zeichen eine eindeutig abgrenzbare Bedeutung haben kann, sondern sich nur
innerhalb eines Verweissystems der Differenz konstituiert[10], bedeutet das eine
Uneindeutigkeit von Texten. Eine Textsorte kann nicht mehr bestimmt werden,
weil es nicht möglich ist, sie "von ihrem vermeintlichen Gegenstandsbereich bzw.
dem Modus ihrer Gegenstandserfahrung her gegenüber anderen Texten oder
Textsorten auszuzeichnen, denn auch für ganze Texte kann es einen solchen
Bereich oder Gegenstand als vorgegebenen Bezugspunkt und Referenten nicht
geben"[11].
So wäre der Versuch Koeppens, Texte als Essays zu definieren, nach dieser
Theorie nicht möglich und irrelevant. Allerdings kann in der folgenden Betrachtung auf den Essay-Begriff vorerst nicht verzichtet werden, da die formgeschicht-
liche Entwicklung des Essays als Folie dient, vor der Koeppen die Identitätsauf-
lösung der Erzählerinstanz vollzieht und doch gleichzeitig auf einer Autonomie
der literarischen Praxis insistiert. Wie er sich dazu des Formeninventars und der
Denkweise des Essayismus bedient, ist gerade Thema dieser Untersuchung.
Mit dem poststrukturalistischen Ansatz ist weitergehend auch "der Literaturwissenschaft bzw. der Literaturkritik, soweit sie Texte als vorgegebene, feste
Größen zu kommentieren und zu erklären beansprucht"[12], ihr Gegenstand entzogen:

> Alle Interpretationsergebnisse, auch diejenigen strukturalistischer oder semiotischer
> Arbeiten, konstituieren sich selber wieder als Texte, die prinzipiell uneindeutig sind,
> weil sie auf unterschiedliche Zitat- bzw. Textzusammenhänge hin interpretiert werden
> können.[13]

Der Versuch einer literaturkritischen Arbeit, die dem wissenschaftlichen Postulat
der Eindeutigkeit genügt, steht formal im Widerspruch zum Inhalt der über weite
Teile zugrundegelegten Texttheorie - eine Inkonsequenz, auf die hier hinzuweisen
ist. Vor dem Hintergrund dieser Problematik versteht sich dieser Text als eine
Spur unter vielen.

---

[10] Saussure, Ferdinand de: Grundfragen der Allgemeinen Sprachwissenschaft, hg. v. Charles
Bally und Albert Sechehaye unter Mitwirkung von Albert Riedlinger, Berlin [2]1967
[11] Thomas, Johannes: Jacques Derrida. In: Lange, Wolf-Dieter (Hg.): Französische
Literaturkritik der Gegenwart in Einzeldarstellungen, Stuttgart 1975, S. 244
[12] Thomas 1975, S. 245
[13] Thomas 1975, S. 245

10

1.2 Entstehung der Essays: Texte und Auswahlkriterien

In diesem Kapitel soll neben einer Materialbeschreibung der nicht-fiktionalen Texte Wolfgang Koeppens auch der frühe journalistische Werdegang des Autors beschrieben werden, da sich bereits in seinen Zeitungsbeiträgen im *Berliner Börsen-Courier* charakteristische Merkmale in Denken und Sprache seiner späteren Werke herausbilden. Dabei werden Koeppens Romane und das erzählerische Werk mit dem Hinweis auf die inzwischen recht zahlreich erschienene Sekundärliteratur zu diesen Themen vollständig ausgeklammert.

Zwar ist Wolfgang Koeppen durch seine Nachkriegsromane *Tauben im Gras* (1951), *Treibhaus* (1953) und *Tod in Rom* (1954), die Erzählung *Jugend* (1976) sowie durch Reisebeschreibungen bekannt geworden, seine zahlreichen kürzeren Texte, die den weit größeren Teil seines Gesamtwerkes ausmachen, blieben bis heute vom Lesepublikum und der Forschung nahezu unbemerkt.

Wolfgang Koeppen berichtet in einem Gespräch mit Heinz Ludwig Arnold[14], daß er als Kind bereits zu schreiben begann, und zwar ein Theaterstück, das er mit der Jugendgruppe *Wandervögel* inszenierte und in dem er selbst mitspielte. Dieses Stück wie auch Gedichte, die er als 16-jähriger an den Verleger Kurt Wolff, der damals expressionistische Literatur druckte, geschickt haben will[15], sind verlorengegangen. Etwas später, noch während der Schulzeit, erfolgt die erste Veröffentlichung: ein Schüleraufsatz mit dem Titel *Mode und Expressionismus*[16], in dem Koeppen den Expressionismus vehement verteidigt.

Eine Reportage über die Armut der Landarbeiter, *Kartoffelbuddler in Pommern*, eine sentimentale, von revolutionärem Pathos erfüllte Beschreibung, in der soziales Engagement noch Literarizität ersetzt, erscheint nicht, wie Koeppen annimmt,

---

14 Arnold, Heinz Ludwig: Gespräch mit Wolfgang Koeppen. In: Gespräche mit Schriftstellern, München 1975, S. 111
15 Schröder, Peter [= Christian Linder]: Das Interview. Wolfgang Koeppen. In: der zeppelin, Heft 1 vom März 1967, S. 28
16 Köppen [sic!], Wolfgang: Mode und Expressionismus. In: Greifswalder Zeitung Nr. 260 vom 6. November 1923. Ein mit dem Kürzel *W.K.* gezeichneter Leserbrief: *Verlängerung der Theaterspielzeit* wurde am 4. Mai 1923 in der Rubrik: *Eingesandt* in der *Greifswalder Zeitung* abgedruckt. Der Verfasser setzt sich mit dem Verweis auf die Not der Ensemblemitglieder während der Sommerpause für eine Verlängerung der Spielzeit ein: "Alles ist für eine Sommerspielzeit vorhanden: das Theater, der Direktor, die Darsteller und sogar die Souffleuse." Wolfgang Koeppens Mutter war Souffleuse am Greifswalder Stadttheater. Wahrscheinlich stammt dieser Brief von Wolfgang Koeppen, er wäre dann seine erste Veröffentlichung.

11

während seiner Schulzeit, sondern erst viel später, im September 1928 in der kommunistischen Tageszeitung *Die Rote Fahne*.[17] Bereits im Januar 1928 hat dieselbe Zeitung eine - nicht nur mit dem Titel - an Kafka erinnernde Erzählung *Der Heizer wird toll*[18] veröffentlicht.

Doch zuvor verfaßt Koeppen seine ersten Schriftstellerporträts. Während einer Anstellung als Dramaturg mit Spielverpflichtung am Würzburger Stadttheater in der Spielzeit 1926/27 schreibt er Aufsätze zu den aufgeführten Stücken. Aus Anlaß der Premiere des Dramas *Die Soldaten* von Jakob Michael Reinhold Lenz druckt die Würzburger Tageszeitung *Der Fränkische Volksfreund* Wolfgang Koeppens Porträt *Lenz*[19] ab. Neben Beiträgen über die englische Gesellschaftskomödie[20], Christian Dietrich Grabbe[21] und einem Nachruf auf Siegfried Jacobsohn veröffentlicht Koeppen in den Programmheften des Stadttheaters den Text *Schund*, einen äußerst sarkastischen Angriff auf die damals gerade erlassenen Schmutz- und Schundparagraphen, und löst damit einen Skandal aus. Der Direktor des Stadttheaters läßt die erste Fassung des Heftes einstampfen, der Artikel *Schund* und der Jacobsohn-Nachruf werden gestrichen.[22]

Koeppen kehrt daraufhin nach Berlin zurück, wo er sich mit dem Schreiben von Artikeln für Boulevardzeitungen - er nennt in Interviews *BZ am Mittag* und *Berliner Volkszeitung* - über Wasser halten kann. Durch die Vermittlung von Egon Erwin Kisch beginnt Koeppen, auch für die Blätter *Welt am Abend*, *Welt am Morgen*, *Welt am Montag* des linksgerichteten Zeitungsverlegers Willy Münzenberg zu schreiben. Diese Texte sind bisher nicht gefunden worden. Koeppen urteilt über diese Artikel: "(...) verschiedene Beiträge für kleines Honorar. Keine Erinnerung. Nicht lesenswert. Kisch hatte mich dort empfohlen. Nur so."[23]

Aus dieser Zeit stammen auch die beiden oben erwähnten Artikel aus der *Roten*

---

17   Koeppen, Wolfgang: Kartoffelbuddler in Pommern. In: Die Rote Fahne Nr. 231 vom 30. September 1928 (GW 5, 13)

18   Koeppen, Wolfgang: Der Heizer wird toll. In: Die Rote Fahne Nr. 14 vom 17. Januar 1929

19   Koeppen, Wolfgang: Lenz. In: Fränkischer Volksfreund Nr. 260 vom 19. November 1926

20   Koeppen, Wolfgang: Englische Gesellschaftskomödie. In: Blätter des Stadttheaters Würzburg 1926/27, Heft 1, S. 9-10

21   Koeppen, Wolfgang: Grabbe. In: Blätter des Stadttheaters Würzburg 1926/27, Heft 14, S. 116-118

22   Koeppen, Wolfgang: Siegfried Jacobsohn, unveröffentlicht. Koeppen, Wolfgang: Schund, unveröffentlicht. Die Seiten 57-64, die diese beiden Artikel enthielten, wurden in der zweiten Fassung des Heftes 7 (1926/1927) der *Blätter des Stadttheaters Würzburg* ersetzt.

23   Wolfgang Koeppen in einem Brief an Dagmar von Briel 1984

12

Fahne und ein Text, der in der *Weltbühne*[24] erschien und ähnlich wie der Text über die *Kartoffelbuddler* ein Aufeinanderprallen eines unabhängig denkenden Menschen mit der Obrigkeit schildert, naiv erzählt und im Ton das „linke Herz" der angesprochenen Leserschicht treffend. Schließlich holt Herbert Ihering ihn als Redakteur zum *Berliner Börsen-Courier*, einer Tageszeitung, für die namhafte Autoren wie Bertolt Brecht, Gottfried Benn, Ernst Weiß, Günther Anders u.v.a. schreiben.

> Herbert Ihering war damals der grosse Theaterkritiker in Deutschland und das Feuilleton des Berliner Börsen-Couriers war auch literarisch links avant-gardistisch und dann wurde ich Feuilleton-Redakteur und schrieb auch gelegentlich Kritiken, Theaterkritiken, aber nie unter Herbert Ihering.[25]

Seine dritte Position im Schatten Iherings und Emil Faktors, dem damaligen Chefredakteur des Blattes, verwehrt es Koeppen, bekannte Aufführungen zu rezensieren. Immer wieder stellt er die Bedeutungslosigkeit seiner Theater- und Filmkritiken heraus:

> Es waren viele Buchbesprechungen. Ich war ja zum Schluß verantwortlicher Redakteur des Literaturblattes. Viele Buchbesprechungen, aber auch sonst alles mögliche. Ich habe Geschichten geschrieben. Ich war gerne Journalist. (...) Nein, eine Fundgrube ist es nicht.[26]

Die Arbeit im Lokalteil dagegen ist für ihn so faszinierend, daß er mehrfach Aufträge freiwillig übernimmt. So auch jenen Nachtdienst, der ihm zu einem gewissen Ruhm verhilft, als er selbständig in der Nacht vom 26. zum 27. Juli 1932 die Druckmaschinen stoppt, um eine Meldung über den Untergang des Schulschiffes *Niobe* auf der ersten Seite des *Berliner Börsen-Courier* einzuschieben, der dann als einzige Zeitung die Katastrophe am nächsten Morgen meldet. "Es war, aus der Sicht der Zeitung, die Sensation des Tages. (...) Und so wäre ich in Berlin als Journalist angenommen worden. Doch das wollte ich gar nicht."[27] Die Arbeiten aus der Zeit beim *Berliner Börsen-Courier* bilden den Schwerpunkt

---

[24] Wolfgang Koeppen: Richard Eichberg zörgiebelt. In: Die Weltbühne der Schaubühne Nr.10 vom 4. März 1930, S. 370-371
[25] Mauranges, Jean-Paul: Interview de Wolfgang Koeppen, le 22 juillet 1974, à Munich. In: Wolfgang Koeppen - Littérature sans frontière, Bern, Frankfurt/Main und Las Vegas 1978, S. 253
[26] Prümm, Karl / Schütz, Erhard: 'Die Situation war schizophren'. Schreibheft-Gespräch mit Wolfgang Koeppen über seinen Roman 'Die Mauer schwankt'. In: Schreibheft 1983, Nr. 21, S. 10
[27] Arnold 1975, S. 117

13

der Zeitungsveröffentlichungen Wolfgang Koeppens vor 1945. Es handelt sich um Proben von Situations- und Ortsbeschreibungen, Porträts von Zeitgenossen und Kommentare zum lokalen und kulturellen Geschehen, sowie ungezählte Buchrezensionen, bei denen Koeppen unterschiedliche Textsorten und Stilmittel ausprobiert, die schon in Inhalt und Form typische Eigenarten der späteren Prosa Koeppens aufweisen.

> Weil dann mir völlig klar wurde, daß ich nun schreiben würde, ich wollte damals dicke Bücher schreiben und hatte mir eine Art Plan zurechtgelegt, das einzige Mal in meinem Leben, dass ich einen Plan, ein Ziel hatte, und ich arbeitete darauf hin, in ein freies Verhältnis zur Redaktion zu kommen, das heisst, ich wollte als Kultur-Korrespondent des Blattes nach Paris und dort das Blatt mit Kultur-Nachrichten beginnen und gleich meinen ersten Roman schreiben.[28]

Doch die Zeitgeschichte, die Machtübernahme der Nationalsozialisten, macht die Pläne zunichte: "Da brach das Dritte Reich aus, und es war selbst für dünne Bücher keine Zeit."[29]

Es entstehen immerhin seine ersten beiden Romane *Eine unglückliche Liebe* (1934) und *Die Mauer schwankt* (1935), das Manuskript eines dritten Romans *Die Jahwang-Gesellschaft* ist verschollen.

Als der *Berliner Börsen-Courier* Ende 1933 aufgeben muß, schlägt Koeppen eine bedeutende Pressestelle unter den Nationalsozialisten aus.

> (...) ich hatte noch zwei Angebote von Berliner Zeitungen, einem Boulevardblatt übrigens, der *BZ am Mittag*, da wäre ich wohl zweiter Theaterkritiker geworden, aber ich wollte nicht: Dieser ganze Kram paßte mir nicht.[30]

Koeppen hat private Verbindungen zum Kabarett *Pfeffermühle* von Erika Mann, für das er Texte schreibt.[31] Der Kontakt zu Erika und Klaus Mann reißt auch nicht ab, als er 1934 mit jüdischen Freunden für vier Jahre nach Holland geht. Menno ter Brack, ein holländischer Widerstandskämpfer, der sich nach dem

---

[28] Mauranges 1978, S. 253
[29] Krüger, Horst: [Gespräch mit Wolfgang Koeppen] In: Werner Koch (Hg.): Selbstanzeige. Schriftsteller im Gespräch, Frankfurt/Main 1971, S. 57
[30] Schmitz, Walter: Gespräch mit Wolfgang Koeppen. In: Deutsche Bücher (Amsterdam) 14 (1984), S. 164
[31] Vgl. *Komplexe*. Träumerei. In: Keiser-Hayne, Helga: Beteiligt euch, es geht um eure Erde. Erika Mann und ihr politisches Kabarett die "Pfeffermühle" 1933-1937, München 1990, S. 38-39. Diesen Text hat Wolfgang Koeppen für seine Freundin Sybille Schloß, einem Ensemblemitglied der *Pfeffermühle* geschrieben. Es wurde von ihr im zweiten Programm des Kabaretts (zuerst in München am 1. 2. 1933) aufgeführt (Vgl. S. 36 und S. 135).

14

Überfall der deutschen Truppen auf Holland 1940 das Leben nimmt, ist der Herausgeber von *Het Vaderland*, in dem er den Holländern das Kabarett *Pfeffermühle* bekannt macht.[32] Er bietet Koeppen an, für dieses Blatt zu publizieren: "Mir hat er angeboten, an seiner Zeitschrift 'Vaterland' mitzuarbeiten. Ich sollte mich hinsetzen und lernen, holländisch zu schreiben."[33] Auf Holländisch oder Englisch zu schreiben vermag er aber nicht, eine Einschätzung, die sich mit der Beobachtung deckt, daß die Faszination der Texte Koeppens gerade im virtuosen Gebrauch der Sprache liegt, der dann hätte verloren gehen können.

Durch finanzielle Probleme gezwungen, aus Holland zurückzukehren, verhilft ihm Karl Korn, der damalige Feuilletonchef der von Joseph Goebbels herausgegebenen Zeitung *Das Reich*, zu einer Veröffentlichung, deren Erscheinungsort Koeppens Existenz in politischer Hinsicht zunächst sicherstellt. Koeppen wählt mit der Buchbesprechung *Die große Befreiung*[34] von Suzukis *Einführung in den Zen-Buddhismus* ganz bewußt ein vermeintlich unpolitisches Thema. Als Reaktion darauf erhält er einen ihn beschimpfenden Leserbrief, worin ihm zum Vorwurf gemacht wird, das Urgermanische in der Meditation zu ironisieren und damit deutsche Gefühle zu verletzen. Diese Buchbesprechung bleibt die einzige Veröffentlichung in *Das Reich*.

Vor dem Aufenthalt in Holland ist noch ein Artikel in der Mainzer Musikzeitschrift *Melos* nachweisbar. Bis zum Kriegsende sind lediglich noch zwei Erzählungen Wolfgang Koeppens, erschienen in der *Kölnischen Zeitung*, bekannt.[35] Dem Neubeginn nach dem Krieg mit einer Erzählung in *Der Ruf*[36] folgen neben seinen Romanen, den Reisebeschreibungen und dem Fragment *Jugend* eine Anzahl von Beiträgen, die meist nur im Feuilletonteil oder in den Sonntagsbeilagen großer Zeitungen sowie in literarischen Zeitschriften, ganz selten aber in Boulevardblättern erscheinen. Diese Veröffentlichungen machen einen umfangreichen, bis heute wenig beachteten Bestandteil des Koeppenschen Werkes aus.

---

[32] Vgl. Keiser-Hayne 1990
[33] Prümm / Schütz 1983, S. 8
[34] Vgl. Wolfgang Koeppen: Die große Befreiung. Zu einer Einführung in den Zen-Buddhismus. In: Das Reich Nr. 10 vom 9. März 1941
[35] Vgl. Wolfgang Koeppen: Die Verlobung. Eine Erzählung. In: Kölnische Zeitung Nr. 1 vom 1. Januar 1941 und: Am frühen Morgen. Erzählung. In: Kölnische Zeitung Nr. 164 vom 30. März 1941. Ein von Koeppen genannter Text unter Max von der Brück in der Frankfurter Zeitung von 1937 und ein Artikel in der Basler Nationalzeitung konnten nicht gefunden werden.
[36] Vgl. Wolfgang Koeppen: Fische, die nach Luft schnappen. In: Der Ruf Nr. 12 vom 15. Juni 1948, S. 11-12 (GW 3, 139)

15

Das Spektrum dieser Texte reicht von kleineren ephemeren, aus dem aktuellen Tagesgeschehen heraus entstehenden Artikeln von geringerer Bedeutung bis hin zu umfangreichen Beiträgen über literarische Themen, insbesondere Porträts von Schriftstellern. In den Mittelpunkt der literarischen Texte, die, abgesehen von den Vor- bzw. Nachworten für Editionen, von Zeitungen zu Gedenktagen oder sonstigen aktuellen Terminen erbeten werden, rückt Koeppen stets sein eigenes Leseerlebnis, die Spiegelung seiner persönlichen Begegnung mit dem Autor. Den Bogen zum eigentlichen Anlaß schlägt er erst in den letzten Sätzen. Außerdem erscheint eine nicht geringe Zahl von fiktiven und nicht-fiktiven autobiographischen Fragmenten.

Zu aktuellen politischen Themen nimmt Koeppen außerhalb seiner Romane selten Stellung, er unterschreibt einige Aufrufe, zum Beispiel gegen die Atombewaffnung der Bundeswehr[37], später vermeidet er dies ganz: "Ich merkte erst später, daß es töricht und beleidigend war, mich zu fragen, ob ich gegen Krieg und Bomben sei" (GW VI, 419)[38].

Koeppens nicht-fiktionales Werk, das sich nicht immer eindeutig von seiner erzählerischen Prosa unterscheiden läßt, kann in zwei große Themenbereiche aufgeteilt werden: Reiseberichte bzw. Beschreibungen vom Lokalkolorit bestimmter Orte und Texte mit literarischen Themen. Zu der Gruppe der Reisebeschreibungen, die zwischen 1956-1962 erst als Radioessays im Südfunk unter Alfred Andersch, später mit Helmut Heißenbüttel, konzipiert und ausgestrahlt, dann als Buchform veröffentlicht werden, gehören thematisch auch die in den 30er Jahren entstandenen feuilletonistischen Lokalbeschreibungen aus Berlin, die Koeppen als Redakteur des *Berliner Börsen-Couriers* verfaßt hat. Doch der überwiegende Teil der Texte, wozu auch die autobiographisch gefärbten gezählt werden sollten, behandelt literarische Themen. Bei der Fragestellung dieser Arbeit, inwieweit nämlich Koeppens Selbstverständnis als Schriftsteller als Folie für seine Textaussagen dient und ob diese von seiner Sprache getragen werden, liegt es nahe, den Schwerpunkt der Betrachtung auf jene Texte zu legen, die Koeppens ureigenes Anliegen, das Schriftstellerdasein, zum Thema haben, also die literaturkritischen, porträtierenden und selbstreflektierenden Texte, wobei auch die journalistischen Arbeiten aus der Zeit des *Berliner Börsen-Courier*

---

37 Vgl. Lettau, Reinhard (Hg.): Die Gruppe 47. Bericht. Kritik. Polemik. Ein Handbuch, Neuwied und Berlin 1967
38 Koeppen, Wolfgang: Gesammelte Werke in sechs Bänden, hg. v. Marcel Reich-Ranicki in Zusammenarbeit mit Dagmar von Briel und Hans-Ulrich Treichel, Frankfurt 1986 [im Text zitiert als (GW *Bandzahl in römischen Ziffern, Seitenzahl*)]

16

miteinbezogen werden. Obwohl Koeppen in seinen Reiseberichten die Frage nach einem authentischen Subjekt auf andere Art als in den Romanen und ähnlich wie bei den Porträts löst, überlagert der vordergründige Textbezug der Reise eher das Thema des Selbstverständnisses eines Schriftstellers in der Tradition der Moderne. Bei den Dichterporträts läßt sich Koeppens Problem der Subjekt-Konstituierung leichter herausarbeiten; so bleiben die Reiseberichte, die zwar für die Untersuchung Koeppens essayistischer Praxis sehr aufschlußreich sind, aber den Rahmen dieser Arbeit überschreiten würden, unbehandelt.

Selbstaussagen in Interviews und Reden werden für die Ausarbeitung von Koeppens Selbstverständnis als Schriftsteller mit herangezogen. Bei ihrer Bewertung muß allerdings davon ausgegangen werden, daß bei Wolfgang Koeppen, gerade in den späteren Interviews, Erinnerung, Selbststilisierung und eigene Dichtung im Gedächtnis ineinander übergehen.[39]

1.3 Forschungsüberblick zum nicht-fiktionalen Werk Wolfgang Koeppens

Auffällig ist ein zur Entstehungszeit gegenläufiges Forschungsinteresse an der Prosa Koeppens; die interessantesten Arbeiten werden ab Anfang der 80er Jahre vorgelegt, also fast dreißig Jahre nach Koeppens Hauptschaffenszeit. Wolfgang Koeppen ist schon zu Lebzeiten zum Klassiker geworden.

Inzwischen liegt eine große Anzahl von Dissertationen und Aufsätzen zu Koeppens narrativem Werk vor. Diese Titel interessieren im vorliegenden Zusammenhang jedoch nicht, da sie sich kaum oder gar nicht mit dem nicht-fiktionalen Werk Koeppens auseinandersetzen. Nur Hans-Ulrich Treichels Dissertation *Fragment ohne Ende* von 1984, die das Gesamtwerk behandelt, soll herausgestellt werden, weil sie die Grundlage für viele weiterführende Arbeiten in den letzten Jahren bildet. Treichel hat zum ersten Mal eine Monographie zu Koeppen vorgelegt, in der mit Hilfe der "Grundannahmen der zeitgenössischen strukturell orientierten französischen Texttheorie, Psychologie und Ethnologie"[40] neue Denkansätze vorgestellt werden.

Es ist erstaunlich, daß selbst als Marcel Reich-Ranicki 1981 die Essaysammlung

---

[39] Vgl. Beu, Andrea: Wolfgang Koeppen. "Jugend". Beiträge zu einer Poetik der offenen Biographie, Essen 1994, S. 171
[40] Treichel 1984, S. 8

Die elenden Skribenten[41] herausgibt und ausführliche, begeisterte Rezensionen geschrieben werden, dies niemand zum Anlaß nimmt, eine wissenschaftliche Untersuchung über den essayistischen Teil von Koeppens Werk anzustellen. Daran ändert auch das Erscheinen der *Gesammelten Werke* Wolfgang Koeppens 1986, in denen ein großer Teil der essayistischen Texte auch einem breiteren Leserpublikum zugänglich gemacht werden, kaum etwas.

In den Gesamtdarstellungen zum Leben und Werk Koeppens gehen die Autoren kaum über einige wenige Sätze zu Koeppens Anstellung als Feuilletonredakteur beim *Berliner Börsen-Courier* hinaus. Manfred Koch ist der einzige, der Zeitungstexte Koeppens heranzieht, er beschränkt sich aber auf Artikel aus der Berliner Zeit vor 1933, die er als feuilletonistische Versuche vor dem Erstlingswerk einschätzt. Eckart Oehlenschläger macht 1987 auf die erzählerischen Prosatexte aus dem *Berliner Börsen-Courier* aufmerksam und stellt ausdrücklich ihre Bedeutung für die Betrachtung des Gesamtwerkes heraus.[42] So kann ein Aufsatz der Verfasserin von 1987 über das nicht-fiktionale Werk Wolfgang Koeppens als erster Versuch einer Einordnung des Autors als Essayist gelten.[43]

Martin Hielscher beschreibt 1988 zum ersten Mal in einer Monographie ausführlich das gesamte journalistische und essayistische Werk Wolfgang Koeppens, erhebt damit aber keinen Anspruch auf einen wissenschaftlichen Beitrag zur Koeppen-Forschung.[44]

Inzwischen liegt mit David Baskers Aufsatz eine weitere Arbeit vor, die das journalistische Werk Koeppens vor 1945 vor dem Hintergrund der schwierigen Publikationsbedingungen während des Nationalsozialismus untersucht.[45]

---

[41] Wolfgang Koeppen: Die elenden Skribenten. Aufsätze, hg. v. Marcel Reich-Ranicki, Frankfurt/Main 1981

[42] Oehlenschläger, Eckart: Augenblick und exzentrische Spur. Zu Wolfgang Koeppens früher Prosa. In: Eckart Oehlenschläger (Hg.): Wolfgang Koeppen, Frankfurt/Main 1987, S. 122-140

[43] Briel, Dagmar von: Wolfgang Koeppens Essayistik. Gratwanderung zwischen konservativer Erzählhaltung und Unendlichkeit des sich selbst verlierenden Sprechens. In: Eckart Oehlenschläger (Hg.): Wolfgang Koeppen, Frankfurt/Main 1987, S. 109-121

[44] Vgl. Hielscher, Martin: Wolfgang Koeppen. München 1988, S. 142. Er gibt meist keine Quellen an, so ist nicht erkennbar, woher er Fakten aus Koeppens Leben bezieht. Es scheint der Fall, daß er Schilderungen aus *Jugend* als reale autobiographische Details betrachtet, ohne ihren Wahrheitsgehalt zu überprüfen. Auf dieses fragwürdige Verfahren weist Andrea Beu hin (vgl. Beu 1994, S. 57-59), deren Arbeit viele wichtige Details aus Koeppens Zeit in Greifswald ausweist und belegt. Koeppen selbst könnte Hielschers Spiel mit Möglichkeiten gefallen haben.

[45] Vgl. Basker, David: 'Für einen werdenden Schriftsteller keine schlechte Lehre': Wolfgang Koeppen's literary career pre-1945. In: The Modern Language Review 88 (1993), S. 666-686

Eine Sonderstellung nehmen die Reiseberichte ein. Neben den älteren Dissertationen von Sahbi Thabti[46] und Jean-Paul Mauranges erscheinen gerade in jüngster Zeit mehrere aufschlußreiche Arbeiten über die Reiseberichte und das Reisemotiv in Koeppens Werk. Mit Ausnahme der schon genannten Untersuchung von Almut Todorow und einem Kapitel aus der Dissertation von Ulrich Ott[47] geht keine der Darstellungen auf den Zusammenhang von Textsorte, Erkenntnisinteresse des Autors und sprachlicher Praxis ein, sie bleiben daher für diese Arbeit ohne Bedeutung.

Das Ignorieren des gesamten essayistischen Werkes verwundert um so mehr, wenn man die kontroversen Diskussionen über Koeppens angebliches Schweigen verfolgt. Ein Schweigen existiert dann nicht, wenn man die zahlreichen Porträts, Buchkritiken und Essays berücksichtigt, die bereits seit den Anfängen Koeppens Werk begleitet haben. Umgekehrt können gerade die nicht-fiktionalen Texte einen Erklärungsansatz dafür bieten, warum Koeppen kein narratives Werk mehr veröffentlicht.

Die Forschungslage zur Frage nach Koeppens schriftstellerischem Standpunkt stellt sich dagegen anders dar. Es existieren zahlreiche Arbeiten, die schon mit Beginn der Koeppen-Forschung auf diese Frage eine Antwort suchen. Sie teilen sich in zwei unterschiedliche Richtungen: Einerseits erkennen Autoren wie Walter Jens, Helmut Heißenbüttel und Reinhard Döhl[48] in Koeppen einen unpolitischen Schriftsteller, arbeiten dessen existentielle Grunderfahrung, die Entfremdung, heraus und betonen die Modernität der Erzählweise, die von James Joyce, John Dos Passos und Alfred Döblin beeinflußt ist. Andererseits wird Koeppen als ein eminent gesellschaftskritischer und politischer Schriftsteller aufgefaßt, z.B. von Marcel Reich-Ranicki und R. Hinton Thomas / Wilfried van der Will[49]. Diese Einstellung wird Anfang der siebziger Jahre aus einem erwei-

---

[46] Sahbi, Thabti: Aufbruch und Wiederkehr - Studien und Interpretationen zum Reisemotiv im zeitgenössischen Roman, dargestellt am Beispiel Wolfgang Koeppens, Alfred Anderschs und Max Frischs. Diss. phil. Münster 1981

[47] Ott, Ulrich: Amerika ist anders: Studien zum Amerika-Bild in deutschen Reiseberichten des 20. Jahrhunderts, Frankfurt/Main, Bern, New York und Paris 1991 (Europäische Hochschulschriften: Reihe 1, Deutsche Sprache und Literatur; 1221)

[48] Vgl. Walter Jens: Melancholie und Moral. Wolfgang Koeppen. In: Walter Jens: Von deutscher Rede. München 1969, S. 200-213, Helmut Heißenbüttel: Wolfgang Koeppen-Kommentar, und Reinhard Döhl: Wolfgang Koeppen, beide in: Ulrich Greiner (Hg.): Über Wolfgang Koeppen. Frankfurt/M. 1976, S. 151-162 und 163-185

[49] Vgl. Reich-Ranicki, Marcel: Wolfgang Koeppen. Wahrheit, weil Dichtung. In: Entgegnung. Zur deutschen Literatur der siebziger Jahre, Stuttgart 1979, S. 60-66 und Thomas, R. Hinton / van der Will, Wilfried: Wolfgang Koeppen. In: Der deutsche Roman und die Wohlstandsgesellschaft. Stuttgart 1969 (Sprache und Literatur; 52), S. 38-56

19

terten sozialpolitischen Bewußtsein heraus modifiziert. Autoren wie Dieter Erlach, Manfred Koch, Stephan Reinhardt und Klaus Haberkamm[50] bemängeln einen metaphysischen, unpolitischen Poetikbegriff und sehen in der mythologisierenden Beschreibung der Realitätserfahrung bei Wolfgang Koeppen einen Widerspruch zur zeitkritischen Tendenz..

Bis zum Erscheinen eines Aufsatzes von Klaus Scherpe[51] und der Dissertation von Hans-Ulrich Treichel, einem Schüler von Scherpe, im Jahre 1984, nähert sich die gesamte Forschungsliteratur, mit Ausnahme von Heißenbüttel und Voss, dem Werk Koeppens ideengeschichtlich. Scherpe geht ideologiekritisch vor, jedoch nicht im Sinne der herkömmlichen Methode, in der erst Literatur als abgeleitete Wirklichkeit, als in eine ästhetische Form gebrachtes Bewußtsein, demnach als ideologisch betrachtet wird, sondern er bezieht sich auf Arbeiten von Louis Althusser und Pierre Macherey, die den Ideologiebegriff bereits bei einer durch Erinnerungen, Wertungen, Hoffnungen usw. bedeuteten Wirklichkeit ansetzen, demnach "auf der Ebene der vielfältigen, sprachlich vermittelten Wirklichkeit, die zum Material und zum Bestandteil der literarischen Produktion wird"[52].

Beide, Scherpe und Treichel, kommen zu neuen, fruchtbaren Ansätzen. Es gelingt ihnen, Mythos, Geschichte, Zeit, Tod, Sprache, also Koeppens vorrangige Themen, in einen schlüssigen Denkzusammenhang einzubinden; darüber hinaus kommen sie zur Lösung eines Problems, mit dem man bei der Beschäftigung mit den Essays Koeppens sehr schnell konfrontiert wird: die Faszination dieser Texte geht nämlich weniger von deren Inhalt, als vielmehr von der Sprache und der Form aus..

---

[50] Vgl. Erlach, Dieter: Wolfgang Koeppen als zeitkritischer Erzähler. Uppsala 1973 (Acta Universitatis Upsaliensis - Studia Germanistica Upsaliensia; 11), Koch, Manfred: Wolfgang Koeppens Literatur zwischen Nonkonformismus und Resignation. Stuttgart, Berlin, Köln und Mainz 1973, und Reinhardt, Stephan: Politik und Resignation. Anmerkungen zu Wolfgang Koeppens Romanen. In: Arnold, Heinz Ludwig (Hg.): Wolfgang Koeppen, Text und Kritik, München 1972, Heft 34, S. 38-45, und Haberkamp, Klaus: Wolfgang Koeppen, "Bienenstock des Teufels". Zum naturhaft-mythischen Geschichts- bzw. Gesellschaftsbild in den Nachkriegsromanen. In: Wagener, Hans (Hg.): Zeitkritische Romane des 20. Jahrhunderts. Die Gesellschaft in der Kritik der deutschen Literatur. Stuttgart 1975, S. 241-275
[51] Scherpe, Klaus R.: Ideologie im Verhältnis zur Literatur: Versuch einer methodischen Orientierung am Beispiel von Wolfgang Koeppens Roman *Tauben im Gras*. In: The German Quarterly 57 (1984), S. 6-26
[52] Scherpe 1984, S. 7

2 Wolfgang Koeppens Selbstverständnis als moderner Schriftsteller

2.1 Der Schriftsteller als außenstehender Beobachter

Als Wolfgang Koeppen 1962 der Büchner-Preis verliehen wird, macht er in seiner Dankesrede programmatische Aussagen über sein Selbstverständnis als Schriftsteller. Er formuliert folgenden Kerngedanken:

> Aber ich sah den Dichter, den Schriftsteller bei den Außenseitern der Gesellschaft, ich sah ihn als Leidenden, als Mitleidenden, als Empörer, als Regulativ aller weltlichen Ordnung, ich erkannte ihn als den Sprecher der Armen, als den Anwalt der Unterdrückten, als den Verfechter der Menschenrechte gegen der Menschen Peiniger und selbst zornig gegen die grausame Natur und gegen den gleichgültigen Gott (GW 5, 257).

Der Schriftsteller als Außenseiter - dieses Motiv zieht sich von Beginn an durch Koeppens Werk. Bereits 1926 in seinem ersten Dichterporträt charakterisiert er Jakob Michael Reinhold Lenz:

> Er war ein unglücklicher Mensch, eine zerstörte kranke Natur, deren Sensibilität alles Häßliche, Unwahre, Alte spürte, an sich und der Welt litt, die sich gezwungen und getrieben fühlte, niederzureißen und ein Anderes, ein helles und strahlendes Neues zu schaffen, und die doch nicht die große Kraft zum Vollkommenen besaß.[53]

Zu Christian Dietrich Grabbes Schicksal, der fünfunddreißigjährig starb, merkt er an:

> Die Lipper sahen und beurteilten nur den Staatsbeamten Grabbe, den Dichter kannten sie nicht; und so ahnten sie auch nicht, daß dieser Auditeur es sich leisten konnte, die Amtsgeschäfte der bürgerlichen Existenz in Unterhosen zu erledigen, da sie ihm nicht wichtig sein konnten.[54]

Auch seine eigenen publizistischen Anfänge beschreibt Koeppen mit dem Hinweis, daß er durch sie ins gesellschaftliche Abseits zu geraten drohte:

> Ich veröffentlichte von der Schulbank in unserer Stadtzeitung einen Aufsatz über den poetischen Expressionismus und wurde meinem Deutschlehrer unheimlich. In den Ferien reportierte ich auf pommerschem Acker die Armut der Landarbeiter. Es war ein literarischer, kein politischer Versuch, aber in Berlin druckte mich die 'Rote Fahne', und die Schule drohte, den Verfasser zu relegieren (GW 5, 310).

---

[53] Koeppen, Wolfgang: Lenz. In: Fränkischer Volksfreund Nr. 260 vom 19. November 1926
[54] Koeppen, Wolfgang: Grabbe. In: Blätter des Stadttheaters Würzburg 1926/27, Heft 14, S. 116-118

Für Koeppen ist es im nachhinein unerheblich, daß der Text über die *Kartoffel-buddler* erst viel später, lange nach seiner Schulzeit, entstand[55]. Aber es zeigt, daß er seinen Standort als Schriftsteller außerhalb der Gesellschaft schon zu Beginn seines Schreibens eingenommen haben will. Die hier offensichtlich werdende Stilisierung des Dichters zum genialen Außenseiter, zur tragischen Existenz, hat ihre Ursache in Koeppens spätbürgerlichem individualistischen Menschenbild. Er sucht das Individuum außerhalb einer modernen Industrie-gesellschaft zu bewahren, die ihre Mitglieder im Zuge von ökonomischen Gegebenheiten in Normen, Konformität und Zwänge einbindet, was eine persön-liche Freiheit kaum mehr möglich macht.

Die hier beschriebene Spannung, die sich in der Kontroverse von Individuum und seiner der Individualität entgegenstehenden Erfahrungswirklichkeit ausbildet, hat der englische Philosoph und Soziologe John Stuart Mill bereits zu einer Zeit aufgespürt, in der die Vertreter eines wirtschaftlichen und politischen Liberalis-mus die gesellschaftliche Entwicklung für Deutschland noch in einem hoffnungs-vollen Licht sahen.[56] Mill veröffentlichte 1859 sein Buch *Über die Freiheit,* dessen drittes Kapitel - "Über Individualität als eines der Elemente der Wohl-fahrt" - als ideengeschichtlicher Hintergrund für Koeppens Individualismusbegriff gelesen werden kann. Er beschreibt die freie Entwicklung der Persönlichkeit als eine der Hauptbedingungen der Wohlfahrt:

> Wo nicht der eigene Charakter, sondern Tradition oder Sitten anderer Leute die Lebensregeln aufstellen, da fehlt es an einem der hauptsächlichsten Bestandteile menschlichen Glücks, ja dem wichtigsten Bestandteil individuellen und sozialen Fortschritts.[57]

Für eine Gesellschaft seien gerade Persönlichkeiten wichtig, die sich gegen den Druck der öffentlichen Meinung stellen und die mit ihrer Originalität die Grund-lagen einer aufgeklärten Lebensführung mit allen sie schützenden Überzeugungen und Bräuchen vor dem Erstarren in Tradition bewahren.[58] Mill unterschätzt die Macht der Öffentlichkeit keineswegs, aber gerade weil er die "Tyrannei der öffentlichen Meinung" für so groß hält, "daß das Exzentrische einem zum

---

55 Vgl. dazu Kapitel 1.2 Materialbeschreibung
56 Vgl. Kafitz, Dieter: Die Appellfunktion der Außenseitergestalten: Zur näheren Bestimmung des Realismus der mittleren und späten Romane Wilhelm Raabes. In: Wilhelm Raabe. Studien zu seinem Leben und Werk. Aus Anlaß des 150. Geburtstages (1831-1981) hg. v. Leo A. Lensing und Hans-Werner Peter, Braunschweig 1981, S. 57
57 Mill, John Stuart: Über die Freiheit [zuerst 1859], Stuttgart 1980, S. 78
58 Vgl. Mill 1980, S. 88-89

22

Vorwurf gemacht wird", sei es wünschenswert, exzentrisch zu sein, um diese Tyrannei durchbrechen zu können.[59] Auch Koeppen hofft noch in der Büchner-Preisrede, daß die originelle Persönlichkeit, der Außenseiter, eine Appellkraft besitzt, mit der es möglich sei, dem Meinungsdruck einer anonymen Massengesellschaft standzuhalten und dem Ideal eines individualistischen Menschenbildes näherzukommen. Wie sehr das "Exzentrische" im Sinne Mills bei Koeppen lebensbestimmend ist, ja seit Beginn seines literarischen Schaffens auch tatsächlich war, weist Oehlenschläger nach. Er hat Koeppens Sinn für das Außergewöhnliche in dessen Artikel für den Lokalteil des *Berliner Börsen-Couriers* herausgearbeitet:

> (...) mitten in der lokalen Geläufigkeit auf ihre Grenzlinien zugehen, durch Risse und Brüche hinter die Fassade, unter die Oberfläche der eingeübten und zugelassenen Wirklichkeit sehen, wo anderes, Ver-kehrtes, sich jäh intensiv zeigt, das offenbar ist Koeppens Movens bei seinen interessanteren journalistischen Streifzügen. Es ist eine im wörtlichen Sinne ex-zentrische Spur, der er folgt.[60]

Bleibt man bei diesem Bild und verfolgt Koeppens Wege durch Berlin, so sind es nicht die touristischen, weltbekannten Plätze, die er für den Lokalteil der Zeitung beschreibt, sondern Abseitiges, Kurioses, bisweilen Groteskes: eine Akrobatenschule, die Versuchslaboratorien des Instituts für physikalische Chemie, die Schätze des pharmakologischen Instituts und Berliner Plätze, auf denen sich das Schattenleben der Hauptstadt bemerkbar macht. Dasselbe gilt für die Kulturkritiken: nicht die großen Schauspiele und Musikaufführungen, sondern Kino und Kabarett sind seine Themen, wohl auch begründet durch seine anfängliche Position in der zweiten Reihe der Feuilletonredaktion. Koeppen selbst verwendet mehrmals in auffälliger Weise das Wort *Exzentrik* in diesen frühen Texten: "Das Lehrerkollegium (...) wird als Vereinigung schizzophrener [sic!] Exzentrik-Clowns vorgeführt"[61] oder "Könnte man nicht die Narren Shakespeares 'Exzentriks' nennen?" (GW 5, 19) Dabei ist bemerkenswert, daß Koeppen diese Darstellung der Lehrer als inadäquat kritisiert, wohl weil dieser Berufsstand zu dieser Zeit als gesellschaftskonform gilt, aber interessanter ist, daß er den Ausdruck *Exzentrik* entgegen dem allgemeinen Verständnis mit Verrücktheit und Narrentum zusammenbringt, mit Freiräumen, in denen die

[59] Vgl. Mill 1980, S. 93
[60] Oehlenschläger 1987, S. 125
[61] Koeppen, Wolfgang: "Betragen ungenügend". In: Berliner Börsen-Courier Nr. 350 vom 29. Juli 1933. Der zirkusgeschichtliche Typus des Exzentrik-Clowns bietet seine Artistik mit stark übertriebener Komik dar.

Gesellschaft noch ausgegrenzt, in denen das Ex-zentrische noch gelebt werden kann. Diese frühe Hinwendung zu allem, was abseits der Gesellschaft steht, verdichtet sich im Lauf der Zeit zu der Einstellung Koeppens, daß Individualität nur außerhalb der Gesellschaft verwirklicht werden kann. Wie sich dieses Außenseitertum des Dichters in Koeppens späteren Texten manifestiert, wird noch zu zeigen sein.

> Der Schriftsteller ist vogelfrei. Gesellschaftlich gesehen gehört er zu den Asozialen, den Bettlern, den Landstreichern, den Verrückten. Ich habe mich dieser Klasse nie geschämt. Vielleicht ist es eine Auszeichnung.[62]

Wenn Koeppen von der vogelfreien Existenz spricht, meint er damit eher die eines Ausgesetzten, der nicht mehr den Schutz der Gesellschaft genießt, und weniger jene "sozial freischwebende Intelligenz", mit der nach Karl Mannheim die Intellektuellen benannt werden, die aufgrund ihres autonomen Intellekts von einer wertfreien Position aus die gesellschaftliche Realität überblicken.[63] Für Koeppen ist ein solcher Standort nicht mehr aufrechtzuerhalten. Er zweifelt von Grund auf daran, daß die Erfahrungswirklichkeit, so wie sie sich ihm darstellt, noch etwas mit der Wahrheit zu tun hat. Auch für ihn gilt, was Theodor W. Adorno für den zeitgenössischen Autor konstatiert und als Grund für die Unmöglichkeit angibt, heute einen realistischen Roman zu schreiben: "Zerfallen ist die Identität der Erfahrung, das in sich kontinuierliche und artikulierte Leben, das die Haltung des Erzählers einzig gestattet."[64] Selbst als *vogelfreie* Existenz außerhalb der Gesellschaft ist Koeppen vor solch einer Ich-Dissoziation nicht mehr geschützt: "Die Welt, die er durchschauen soll, droht ihn zu verschlingen; aus einem überlegenen Deuter der Wirklichkeit ist ein Ausgesetzter und Leidender geworden."[65]
Mit welcher Selbstverständlichkeit Wolfgang Koeppen sich als bürgerlicher Autor sieht, zeigt auch seine Einschätzung der materiellen Unabhängigkeit als wichtige Voraussetzung für die literarische Produktion: "Den Schriftsteller kann es vernichten, wenn er die Gesetze des Geldes nicht begreift. Er hat einen Beruf gewählt, der ihn nicht ernährt, und es gibt kein Zurück" (GW 6, 227). Schon in

62 Mechtel, Angelika: Wolfgang Koeppen. In: Alte Schriftsteller in der Bundesrepublik. Gespräche und Dokumente, München 1972, S. 56
63 Mannheim, Karl: Ideologie und Utopie [zuerst 1929], Frankfurt/Main 6 1978, S. 135
64 Adorno, Theodor W.: Standort des Erzählers im zeitgenössischen Roman. In: Noten zur Literatur [zuerst 1958], Frankfurt/Main 1981, S. 42
65 Kafitz, Dieter: Ästhetischer Radikalismus. Zur Kunstauffassung Wolfgang Koeppens. In: Oehlenschläger, Eckart (Hg.): Wolfgang Koeppen, Frankfurt/Main 1987, S. 82

jungen Jahren empfand er, was er später in vielen Interviews immer wieder betont:

> Hätte ich ein Vermögen geerbt und wäre in der glücklichen Lage gewesen wie die großen französischen Schriftsteller, wie Flaubert, Proust, Gide, die Geld, Renten hatten und nicht darauf angewiesen waren, vom Ertrag ihres Schreibens zu leben, so glaube ich, daß ich ein besserer und fleißiger, produktiverer Schriftsteller geworden wäre. Ich habe unter der finanziellen Not (...) immer entsetzlich gelitten.[66]

Diesen verständlichen Wunsch nach einer privilegierten Stellung des Dichters reflektiert Koeppen nicht. Selbst bei Schopenhauer, der diese Ansicht besonders nachdrücklich vertritt, erscheinen Vermögen und Besitz als Schuld, die der Dichter dadurch abtrage, "daß er leiste, was kein anderer konnte, und etwas hervorbringt, das ihrer Gesamtheit [der Menschheit, Anm.] zugute kommt, wohl auch gar ihr zur Ehre gereicht"[67].

Die Entwicklung neuer Kunsttechniken, der Möglichkeit der Massenreproduktion und der Photographie läßt eine Massenkultur entstehen[68], in der dem klassischen Bildungsbürger mit seiner Ideologie eines autonomen Individuums die ökonomische Grundlage entzogen wird und einen Typ des "Stars" hervorbringt, "der alles andere als ein autonomes Subjekt ist"[69]. Max Horkheimer hat die Berühmtheiten einer Massengesellschaft sehr drastisch beschrieben:

> Besonders die sogenannten Größen von heute, die Idole der Massen, sind keine echten Individuen; sie sind einfach Geschöpfe ihrer eigenen Reklame, Vergrößerungen ihrer eigenen Photographien, Funktionen gesellschaftlicher Prozesse.[70]

Nur erfolgreiche Schriftsteller mit hohen Auflagen können sich noch der Illusion hingeben, sie seien Repräsentanten ihrer Kultur, und das ist Koeppen nie gewesen.

Günther Anders, den Koeppen aus der Zeit des *Berliner Börsen-Courier* kennt,

---

[66] Arnold 1975, S. 116

[67] Schopenhauer, Arthur: Sämtliche Werke, textkritisch bearbeitet und hg. v. Wolfgang Frhr. von Löhneisen, Band IV: Parerga und Paralipomena. Kleine philosophische Schriften I, Darmstadt 1963, S. 418

[68] Vgl. Benjamin, Walter: Das Kunstwerk im Zeitalter seiner technischen Reproduzierbarkeit [zuerst in Französisch, 1936] In: Das Kunstwerk im Zeitalter seiner technischen Reproduzierbarkeit. Drei Studien zur Kunstsoziologie, Frankfurt/Main [11]1979, S. 7-44

[69] Vgl. Quack, Josef: Die Haltung des Beobachters. Pauschale Überlegungen zu Wolfgang Koeppen. In: Frankfurter Hefte 29 (1974), S. 833

[70] Horkheimer, Max: Gesammelte Schriften, hg. v. Alfred Schmidt, Band 6: Zur Kritik der instrumentellen Vernunft und Notizen 1949-1969, Frankfurt/Main 1991, S. 162

25

hat in seinem philosophischen Werk *Die Antiquiertheit des Menschen*[71] untersucht, wie die Menschen in einer Zeit, in der "die Technik zum Subjekt der Geschichte" geworden sei, einer totalen Veränderung unterworfen seien. Er beschreibt diesen Prozeß als Zerstörung der Humanität und stellt dabei die "Antiquiertheit" der spätbürgerlichen Ideen vom Individuum, ja des Individuums selbst, heraus.[72] Ein Selbstverständnis als autonomes, sich selbstbestimmendes Individuum verbannt Anders in der heutigen Zeit in den Bereich der Illusion. So stellt sich an dieser Stelle die Frage, ob Koeppen nicht mit seinem Anspruch auf Individualität in einer solchen "Antiquiertheit des Individuums" verharrt, "denn das Wesen der heutigen Konformismuswelt besteht ja gerade darin, daß sie interessante Außenseiter nicht aufkommen läßt (...); bzw. daß sie Extravaganz, wo sie diese als Alibi benötigt, selbst fördert oder sogar selbst erzeugt"[73].

Nach Anders gibt es niemanden mehr, der nicht auf irgendeine Art gleichgeschaltet ist.[74] Und sollte es Nonkonformisten doch möglich werden,

> mit einer auffallenden These durchzudringen, da setzt eine allgemeine Abwehrreaktion ein (...), deren Motivation und Vehemenz allein mit Hilfe der Theorie, gegen die die Abwehr sich richtet, erklärt werden kann; eine Abwehr mithin, die die These bestätigt. Ein vielstimmiger Chor, der homophon beteuert: 'Wir sind *nicht* konformistisch', bestätigt, was er bestreitet, durch die Art, in der er es bestreitet.[75]

Es ist ein Gemeinplatz der Psychoanalyse, daß die eigentliche Wahrheit gerade in dem liegt, was nicht gesagt oder auf das heftigste bestritten wird. Um als Schriftsteller Widerstand leisten zu können, müßte er wissen, wo es überhaupt möglich ist, sich nicht einzureihen, und wo es im Gegenteil sogar notwendig wird mitzumachen, um eine Bewußtheitsveränderung in Gang zu setzten, die nicht von vornherein Systemkonformität birgt.

Wolfgang Koeppen versucht dieser Konformität sein Leiden an sich selbst, an der Gesellschaft, an der Existenz überhaupt, entgegenzusetzen. Es ist ein Leiden, das nicht ohne weiteres in eine Gesellschaft paßt, die den Genuß über alles stellt. Günther Anders schreibt dazu: "'Je größer das Quantum der uns zugemuteten Unfreiheit, desto größer auch das Quantum des uns aufgetischten Vergnügens'. Oder genauer: 'Die Freiheitsberaubung geht als Lustlieferung vor sich'."[76]

---

71 Anders, Günther: Die Antiquiertheit des Menschen, Band 2: Über die Zerstörung des Lebens im Zeitalter der dritten industriellen Revolution [zuerst 1980], München [4]1987
72 Vgl. Anders 1987, S. 131
73 Anders 1987, S. 141
74 Vgl. Anders 1987, S. 141
75 Anders 1987, S. 203-204
76 Anders 1987, S. 179, im Originaltext kursiv

Koeppens mit dem Leiden verbundene Trauer über die Vergeblichkeit seiner Kritik und sein Wissen um den Unterschied "zwischen absolutem moralischem Anspruch und menschlicher Unzulänglichkeit"[77] geben ihm eine Authentizität, in der sich Subjektivität vielleicht noch leben läßt. Koeppen stilisiert sich zwar zum Außenseiter, zelebriert das Leiden außerhalb der Gesellschaft, doch fühlt er sich auch bei den Aussteigern nicht aufgehoben, und das schon von Jugend an. So beschreibt er sein Leben in Holland als das eines Außenseiters unter Außenseitern: "Diese jungen Holländer waren damals damit beschäftigt, aus der Gesellschaft auszusteigen. Das kam meiner Neigung, dies auch zu tun, entgegen. (...) Ich war auch in dieser Gesellschaft ein Außenseiter."[78]

Im Alter empfindet Koeppen das Nichtdazugehören wie ehedem; er findet weder im Haus seines Verlegers noch bei den Obdachlosen einen ihm angemessen Platz:

> Ich stahl mich aus der Gesellschaft. (...) Ich ging in Frankfurts Untergrund, in den U-Bahnhof Hauptwache. Da lagen damals noch auf dem kalten Zement die man Gammler nannte, damals die Blumenkinder, die jungen Hascher und die alten Wermuttrinker mit der Zweiliterflasche. War hier mein Platz und reserviert? Ich blickte sie alle freundlich an. Aber ich war schon wieder der Beobachter, unter ihnen, nicht der ihre (GW 5, 350-351).

Der Schriftsteller als Beobachter - das ist ein weiterer Aspekt für Koeppens Selbstverständnis, den er in der Büchner-Preisrede nennt:

> Ich bin ein Zuschauer, ein stiller Wahrnehmer, ein Schweiger, ein Beobachter, ich scheue die Menge nicht, aber ich genieße gern die Einsamkeit in der Menge, und dann gehe ich in mein Zimmer, an meinen Tisch und schreibe oder versuche es wenigstens (GW 5, 253).

Diese Haltung behält er sein Leben lang bei, so schreibt er fast zwanzig Jahre später in einer Festschrift für Marcel Reich-Ranicki:

> Der Schreibende steht als Beobachter des Lebens mit seinen wechselnden Gefühlen, seinem ehrlichen Entsetzen, dem mannigfaltigen Mitleiden, dem hilflosen Zorn, der bösen Verzweiflung an einem archimedischen Punkt außerhalb des Sozialgefüges. Er ist verführt, die Welt aus den Angeln zu heben, und sich der Aussichtslosigkeit bewußt (GW 5, 349).

In einem Interview von 1986 bezeichnet sich Koeppen als ein Beobachter, der das Beobachtete für sich auswertet und in Worte faßt, bevor er es an die Gesell-

---

[77] Kafitz 1987, S. 77
[78] Prümm / Schütz 1983, S. 8

27

schaft zurückgibt.[79] Das Sehen, das Beobachten spielt bei Koeppen eine besondere Rolle, es ersetzt bei ihm das Handeln, es schiebt sich zwischen ihn und das
Geschehen.
Der Literaturwissenschaftler Jürgen Manthey stellt sich in seiner psychohistori-
schen Studie *Wenn Blicke zeugen könnten*[80] die Frage nach dem Stellenwert
einer neuen Art zu sehen, das er bei vielen modernen Autoren, wie zum Beispiel
Rolf Dieter Brinkmann oder Peter Handke, beobachtet hat und erkennt, daß es
sich um eine einschränkende, verdrängende und doch befriedigende Sehweise
handelt, die er in Beziehung setzt zu dem Sehen in der idealistischen Philosophie
als ein dem Denken nahestehendes Mittel zur Erkenntnis. Überall in der Literatur,
wo der Gestus des Sehens angetroffen wird, habe man es mit den Anforderungen
des Schautriebs zu tun, von dem Sigmund Freud sagt, daß dieser als herausgetre-
tener Partialtrieb sexuelle Energien sammle und zum Ausdruck bringe.[81] "Beim
Sehen befinden wir uns nicht länger auf der Ebene des Anspruchs, sondern auf
der Ebene des Begehrens, das sich an den Anderen richtet."[82] Das Sehen erlaube
es, sich dem begehrten Objekt zu nähern, ohne die neutrale Distanz aufgeben zu
müssen. Anstelle von konkreter Leistung trete der Drang, aus der Ferne zuzu-
schauen, das Bild wirken zu lassen. "In der Bildwirkung lebt Hoffnung auf, das
Begehren zu befriedigen, und sinkt in sich zusammen. Beides findet im Blick des
Betrachters statt, kurz nacheinander."[83]
Mantheys Thesen lassen sich auf Koeppens Haltung des Beobachters übertragen:
Er beobachtet, begehrt also das gesellschaftliche Leben, doch die Realität zerstört
in dem Augenblick die Hoffnung auf Befriedigung, in dem der Gedanke an die
Verantwortung, in Gestalt der Gesetze und Ansprüche eben der Gesellschaft,
aufkommt. "Unlust ist die Folge."[84] Den widersprüchlichen Wunsch nach Durchdringung und gleichzeitiger Isolation, die er - als "Einsamer in der Menge" - an-
strebt, löst er auf, indem er schreibt, das Beobachtete in Worte faßt.

Der Schreibende strebt darin 'nach einer totalen Aggressivität und Teilnahme', wie
Julia Kristeva es formuliert hat, und es erweist sich der Schreibprozeß dabei als ein

---

79   Vgl. Sauter, Josef-Hermann: Gespräch mit Wolfgang Koeppen. In: Sinn und Form 38
       (1986), S. 551
80   Manthey, Jürgen: Wenn Blicke zeugen könnten. Eine psychohistorische Studie über das
       Sehen in Literatur und Philosophie, München ²1984
81   Vgl. Manthey 1984, S. 91-93
82   Lacan, Jacques: Die vier Grundbegriffe der Psychoanalyse, Olten und Freiburg/Breisgau
       1978, zitiert nach Manthey 1984, S. 113
83   Manthey 1984, S. 307
84   Manthey 1984, S. 306-307

28

'zur Tätigkeit gewordenes Lesen'; dieses wiederum ist (...) ableitbar aus einer besonders gierigen, besitzergreifenden, introjizierenden Form des *Sehens*.[85]

Den Zusammenhang zwischen dem Lesen als vereinnahmender Form von Sehen und seinem Schreiben stellt Koeppen in aus vielerlei Anlässen gemachten Aussagen selbst her. So betont er regelmäßig, daß er der geborene Leser sei. Bereits 1933 schreibt er in einer Rezension zu Musils *Der Mann ohne Eigenschaften*: "Bis eines Tages der Leser, ein geborener Leser, sich erinnerte (...)" (GW 6, S. 19). Einem Text von 1975 gibt er die Überschrift *Der geborene Leser, für den ich mich halte*. Das Erlernen des Lesens war für ihn das entscheidende Ereignis (Vgl. GW 5, 310). In nicht-fiktiven autobiographischen Texten nimmt die Darstellung von Lektüre-Erlebnissen einen breiten Raum ein, dabei gebraucht er eine Wortwahl aus dem Wortfeld *essen*: "Was ich, Bücher verschlingend, empfand, war grenzenlos" (GW 5, 279) oder "Dabei fraß ich mich nur lustvoll durch die Wörter (...)" (GW 5, 331).[86] Koeppen drückt hiermit selbst das gierige Besitzergreifen der Welt anderer Texte durch das Lesen aus. Diese Leseerlebnisse verarbeitet er zu eigenen Texten mit einer Neigung, ja geradezu einer Lust am Zitieren. Es bleibt jedoch nicht bei der bloßen Reproduktion einer Idee oder eines Wortlautes, sondern das Zitat wird in den Kontext des eigenen Textes integriert, wird einverleibt. "Wahrheit ist, was schon in einer anderen Schrift gestanden hat."[87] Die Wahrheit, also auch das Wissen über sich selbst, findet man beim *Anderen*. Jacques Lacan, dessen Erkenntnisse in der Psychoanalyse zu den Grundlagen der französischen Texttheorie des Poststrukturalismus gehören, sieht die Ich-Konstitution eines Menschen nur in der Möglichkeit einer Spiegelung im *Anderen*, was dazu führt, daß Subjektivität immer im Bereich des Imaginären verbleiben muß.[88] Wie Koeppen versucht, über das literarische Zitat zu einem authentischen Ich, zu einer Identität zu kommen, ohne als Handelnder eingreifen zu müssen und wie gerade die Formtradition des Essays dieser Neigung entgegenkommt, ist ein Thema, das bei der Behandlung seiner essayistischen Praxis aufgegriffen wird.

---

[85] Manthey 1984, S. 221
[86] Autobiographische Texte, die sich mit seinen Leseerlebnissen beschäftigen, finden sich unter dem Kapitel "In eigener Sache" in GW 5
[87] Manthey 1984, S. 13
[88] Vgl. Lacan, Jacques: Das Spiegelstadium als Bildner der Ichfunktion, wie sie uns in der psychoanalytischen Erfahrung erscheint. (Bericht für den 16. Internationalen Kongreß für Psychoanalyse in Zürich am 17. Juli 1949.) In: Schriften I, ausgewählt und hg. v. Norbert Haas, Frankfurt/Main 1975, S. 61-70

Der Text, in den der Leser als Verstehender *eindringt*, ist nicht mehr das erste Objekt. An ihm hat der Andere bereits einen Anteil.(...) Die Leidenschaft für den Text (für Sprache) bezieht den Dritten ein und macht das Subjekt zum Voyeur. Dennoch ist die Leidenschaft für das Objekt Sprache, auf die sich Schreiben und Lesen in lauter Akten der Wiederholung einlassen, unverkennbar.[89]

Bei Koeppen liegt dem Bedürfnis, Leser und Beobachter - gar Voyeur - zu sein, der Wunsch zugrunde, nur Zuschauer sein zu dürfen, nicht emotional beteiligt sein zu müssen, nur noch gefühllos zu sehen, ohne selbst von Schmerz betroffen zu sein, ein Bedürfnis, das einhergeht mit einem besonders empfindlichen Verhältnis zu Gewalt jeder Art.[90] Gottfried Benn hat ein *Sich-kalt-halten* als Arbeitsbedingung für den Literaten - den *Kunstträger* - gesehen: "Er ist kalt, das Material muß kalt gehalten werden, er muß ja die Idee, die Räusche, denen die anderen sich menschlich überlassen dürfen, formen, das heißt härten, kalt machen."[91] Dem setzt Koeppen in einer Antwort auf eine Umfrage zu Gottfried Benn leidenschaftlich entgegen: "Kalt, natürlich kalt, eiskalt, zynisch, aber doch bebend vor Empörung" (GW 5, 263). Ein gefühlloses Schauen ist Koeppen nicht möglich; so sehr er es sich wünscht, so sehr versucht er,

aus Trotz vor so viel Zwang zur Nützlichkeit das Unnütze zu schaffen, vor lauter Häßlichkeit verschreibt er sich dem Schönen, ein fanatischer Verfechter des Rechts auf Lüge, spricht er als einziger die unwillkommene Wahrheit aus, er sieht das ganze Elend der Welt, und sagt, daß es ihm Angst macht (GW 5, 263).

Wie leicht er auch als Leser in Gefahr gerät, sich im Text zu verirren, sich selbst zu verlieren, schildert er am Beispiel der Betrachtung eines Bildbandes von Piranesi:

So durfte ich jung die Carceri von Piranesi betrachten und bin in diesem bewundernswerten grausamen Labyrinth verirrt geblieben; gefesselt, geängstigt und unbegreiflich entzückt. Es war die Gewalt des Ästhetischen, des Möglichen, des Spiels. Vielleicht aber war mir aufgegeben, nach einem Ausweg zu suchen, den ich nicht finden werde (GW 5, 323).

Weil es diesen Ausweg für ihn nicht gibt, möchte man ergänzen. Das Spiel mit den Möglichkeiten birgt für ihn die Gefahr des sich Verlierens, dem nur der Standpunkt eines autonomen, literarischen Subjekts Einhalt gebieten könnte,

---

[89]   Manthey 1984, S. 305-306
[90]   Vgl. Manthey 1984, S. 16
[91]   Gottfried Benn: Ausdruckswelt [zuerst 1944], zitiert nach Deutsche Zeitung vom 15./16. Dezember 1962

diesen nimmt Koeppen zwar ein, er geht ihm aber dort, wo Ideologie nicht mehr wirkt, verloren. Koeppen sieht seinen Standpunkt des Beobachters außerhalb der Gesellschaft und sucht nicht die gemeinschaftliche Aktion Handelnder: "Ich bin, glaube ich nun, nicht zuletzt deshalb Schriftsteller geworden, weil ich kein Handelnder sein mag" (GW 5, 253). Jede Wirkung, die er vielleicht doch durch sein Schreiben erhofft, ist losgelöst von ihm selbst, und er kann und will sie nicht mehr beeinflussen. Wenn es auch Momente gibt, in denen Koeppen, wie er sagt, Verlangen nach der Gesellschaft hat, gesehen und damit anerkannt sein möchte und an der Richtigkeit seines Standpunktes zweifelt, hat er doch grundsätzlich das Bedürfnis nach Einsamkeit. Auf der Grundlage von Lacans These - da "jedes menschliche Begehren auf der Kastration beruht, übernimmt das Auge eine bösartige, aggressive Funktion"[92] - erkennt Manthey in der Angst vor dem Gesehenwerden eine Angst vor Kastration, die in der Furcht vor den Blicken Anderer stecke.[93] Dieses Verhalten, das die Kehrseite des Schautriebs darstelle, nennt er die Scham, die dann entstehe, wenn die Anderen ihrerseits ihre Blicke auf das Individuum richten. Auf Koeppen bezogen würde das bedeuten, daß bei ihm die Scham im Sinne Mantheys stärker ist als der Drang nach Anerkennung, daß er glaubt, sich vor der Gesellschaft, den Anderen, schützen zu müssen. In diesem Sinn ist auch seine Aussage, er wolle den Menschen, wenn er dazu in der Lage wäre, dazu erziehen, das Alleinsein, einsam das Leben und das Sterben, ertragen zu können[94], zu bewerten. In der Einsamkeit sieht er die Größe des Menschen, "je wacher dieser Mensch ist, desto mehr wird er sich seiner Einsamkeit bewußt sein".[95] Auch wenn er sich sozial anpasse, also seine Rolle lebe, werde er sich nicht der "Illusion der Gemeinschaft, der Hauswärme, des gemeinsam zu erringenden Sieges"[96] hingeben. Hier spricht wieder der Ideologe Koeppen, der seine spätbürgerliche Identitätsvorstellung vor der Erfahrungswirklichkeit zu schützen weiß. "Ich bin ein Schauspieler, der seine Rolle lebt, doch nicht seine Identität verliert, der im Spiel die Szene analysiert und kritisch bleibt" (GW 5, 280). Wolfgang Koeppen zitiert gern Victor Hugos Motto "Einsamkeit in der Menge", aber auch dessen "solitaire, solidaire".[97] Er betrachte, so in einem Interview, als

---

[92] Lacan 1978, zitiert nach Manthey 1984, S. 118
[93] Vgl. Manthey 1984, S. 116-118
[94] Vgl. Schröder 1967, S. 29
[95] Krüger 1971, S. 62
[96] Schröder, Peter [= Christian Lindner]: Lob der Einsamkeit. In: Frankfurter Rundschau vom 13. September 1969
[97] Vgl. Mauranges 1978, S. 251

31

Einsamer die Menschen um ihn herum nicht kalt, sondern mitfühlend.[98] Von einer so akzentuierten Einsamkeit ist es nicht mehr weit zu einem an frühromantische Vorstellungen erinnernden Geniebegriff. In einer Laudatio zum 65. Geburtstag Stefan Georges schreibt er: "Die wirklich schöpferische Tat ist ihrem ganzen Wesen nach eine Sache der Einsamkeit. Der Einsamkeit, doch nicht der Isolierung, denn die vollbrachte Tat wird zum Gut des Volkes" (GW 6, 43). Die Legitimation des Schriftstellers, der als Ausgestoßener gleichzeitig Auserwahlter ist, liegt in seinem Begnadetsein. "Er sah es ein: Dichter durfte man sein, aber nicht werden" (GW 6, 212).

2.2 Der Schriftsteller als *Kassandra*

Koeppen sieht die Aufgabe des Schriftstellers vorrangig darin, sich der öffentlichen Meinung entgegenzustellen, denn nur er sei noch in der Lage, mit seiner Sprache den Konformismus zu bekämpfen. Dazu soll er sich der Massenmedien bedienen, die Meinung machen:

> Der Schreibende, so sehr er Mikrophon und Kamera und Scheinwerfer scheuen mag, wird sich dem neuen heraufziehenden Analphabetentum von Bildzeitungen, Comicstrips, Fernsehen und auf höherer Ebene von technischen Formeln, die uns manipulieren, automatisieren, vielleicht zum *Mond führen werden, stellen müssen. (...) denn ohne die ihm geschenkte Gnade werden die Mitteilungsapparate der Gedanken, der Worte, der Bilder nur ein Geräusch erzeugen, Geräusch und Schatten und Wind und den letzten Tornado, der alles begräbt (GW 5, 260f).

Gegen diese Geräusche der Medien muß der Schriftsteller ankämpfen mit seinem eigenen Wort, um so ihre verhängnisvolle Wirkung aufzuhalten, die ein individuelles Wahrnehmen und ein individuelles Sprechen zerstören, denn der mediengerechte Ausdruck von Bedürfnissen und Gefühlen wird von angepaßten Individuen unreflektiert übernommen. Es kommt zu einer Entmündigung und Entfremdung des einzelnen durch die Sprache. Deshalb entgegnet Koeppen der kontrollierbaren Überschaubarkeit, die eine uniforme Gesellschaft bis in die Sprache hinein fordert, mit einem Schreiben, das sich bewußt einem schnellen, gedankenlosen Einverleiben entzieht. Er errichtet Widerstände, an denen sich der "Erwartungshorizont der Allgemeinheit"[99] bricht. Er versucht, die Macht der

---

[98] Vgl. Mauranges 1978, S. 251
[99] Vgl. Kafitz 1987, S. 78

32

Sprache der Medien, der öffentlichen Sprache, außer Kraft zu setzen, jene Sprache, die Roland Barthes in seiner Antrittsvorlesung im Collège de France faschistisch nannte, "denn Faschismus heißt nicht am Sagen hindern, er heißt zum Sagen zwingen"[100]. Damit meint er ein Sagen, das von der Gesellschaft in ihrem Sinn geprägt wird. Da jedoch niemand, und gerade der Schriftsteller nicht, dessen Werkzeug die Sprache ist, ihr entgehen kann, er also gleichzeitig mit ihr herrscht und von ihr beherrscht wird, bleibt ihm nichts, "als listig mit der Sprache umzugehen, als sie zu überlisten"[101]. Für den Schriftsteller kann somit sein revolutionierender Part nicht darin bestehen, gegen gesellschaftliche Macht zu agitieren, sondern er muß die Sprache als Machtmittel des Betrugs entlarven, um "(...) durch die bewußte und gezielte Verwirrung der vorgegebenen Ordnung in den Sprachen diese erstklassigen Machtinstrumente zu schwächen, zu unterlaufen, Freiheitsräume zu schaffen"[102].
Damit hat ein realistisches Sprechen für Koeppen keinen Sinn mehr, denn

als Wirklichkeit abbildendes Sprechen vermag [es] nicht den Verblendungs-zusammenhang zu durchstoßen, dem es als Abbildungsmedium selbst verpflichtet ist, denn die Sprache der Realität spiegelt nur wider, was es erst noch zu durchschauen gilt[103].

Die Aussagen in der Büchner-Preisrede stehen in einem eigentümlichen Gegensatz zu denen in den Romanen. Dort wird die Möglichkeit menschlicher Kommunikation, überhaupt eine unverfälschte sinnliche Wahrnehmung von Koeppen in Frage gestellt, und er zeichnet eine "negative Utopie universaler Verständnislosigkeit"[104]. Wie dieser Widerspruch - einerseits vogelfreier Außenseiter, um nicht Opfer der Diskurse zu sein, andererseits aber engagierter Dichter gegen die Macht - aufzulösen ist, beschreibt Kafitz, wenn er darauf hinweist, Koeppen setze "auf die Außenseiterposition, der man eine irritierende Wirkung zutraute, sei's auch nur durch die Provokationskraft des Andersseins"[105], also des Ex-zentrischen. So kann Koeppen in der Preisrede weiter ausführen:

---

[100] Barthes, Roland: Leçon/Lektion. Antrittsvorlesung im Collège de France. Gehalten am 7. Januar 1977, Frankfurt/Main 1980, S. 19
[101] Barthes 1980, S. 23
[102] Schiwy, Günther: Poststrukturalismus und "Neue Philosophen", Reinbek bei Hamburg, überarbeitete Neuauflage 1985, S. 22
[103] Kafitz 1987, S. 78
[104] Treichel 1984, S. 25
[105] Kafitz 1987, S. 75

Der Schriftsteller ist engagiert gegen die Macht, gegen die Gewalt, gegen die Zwänge der Mehrheit, der Masse, der großen Zahl, gegen die erstarrte faule Konvention, er gehört zu den Verfolgten, zu den Verjagten (...) (GW 5, 257).

Konkrete Parteinahme bleibt ihm aber verwehrt, denn

wenn er sich der Macht unterwirft, sich mit der Herrschaft verbündet, sich von der sterbenden Sitte, der dominierenden Partei und der Stunde bezahlen läßt, mag er vielleicht noch zu formaler Meisterschaft gelangen, bewunderungswert, aber er hat seine Seele eingebüßt (...) (GW 5, 257).

Jene "Seele", die nur dann im technischen Zeitalter bestehen, sich ihre Kultur erhalten kann, wenn sie "einen Sinn hat für die Vielheit der inneren Bedeutungen einer Situation, für das Unausgesagte, Potentielle, Unerprobte, Verletzbare darin"[106].
Doch bereits bei John Stuart Mill wirken "die optimistischen Hoffnungen auf die Appellkraft des Ausnahmemenschen wenig überzeugend"[107], denn er stellt die Macht der öffentlichen Meinung schon zu seiner Zeit als eine so allgegenwärtige Erfahrungswirklichkeit dar, daß sie "letztlich die Ausbildung von Originalität gar nicht mehr zuläßt"[108]. Koeppen, der in der Zeit des Nationalsozialismus sowohl Anpassung wie auch Ohnmacht des Geistes in einer Gewaltherrschaft erfahren mußte[109], hält die gesellschaftliche Funktion eines Schriftstellers denn auch für die einer *Kassandra*. Sie ist jene mythologische Gestalt, die die Zukunft voraussieht, der aber die Gemeinschaft, mit der sie lebt, nicht glauben kann, die sie deshalb isoliert und deren Gabe der Vorhersehung sie selbst letztlich vernichtet. Kassandra wird dadurch zur Seherin, "daß sie ausspricht, was sie sieht, nicht in der Zukunft, sondern in der Gegenwart. Ihr Interesse gilt dem sozialen Handeln der Menschen in ihrer Umgebung"[110].
Die Gabe zur Identifikation und zur kritischen Auseinandersetzung mit der eigenen Befangenheit, aus der heraus ihre Beobachtungen entstehen, erlauben es ihr, zu schließen, wie sich die Menschen in Zukunft verhalten werden. Sie wird mit ihren Aussagen zu einer Anklägerin ihres eigenen Lebensbereichs und

---

[106] Gehlen, Arnold: Die Seele im technischen Zeitalter. Sozialpsychologische Probleme in der industriellen Gesellschaft [zuerst 1957], Hamburg [13]1972, S. 117
[107] Kafitz 1981, S. 59
[108] Kafitz 1981, S. 58
[109] Vgl. Kafitz 1987, S. 75
[110] Lersch, Barbara: "Hervorbringen müssen, was einen vernichten wird". Mimik als poetisches Prinzip in Christa Wolfs Erzählung *Kassandra*. In: Deutsche Vierteljahrsschrift für Literaturwissenschaft und Geistesgeschichte 59 (1985), S. 164

kritisiert die Grundlagen der Kultur, zu der sie selbst gehört. Man sieht in ihr eine öffentliche Gefahr, die das Unglück herbeiredet.[111] "Man *darf* ihr nicht glauben, das ist ein Gesetz, solange man nichts, vor allem nicht sich selbst, verändern kann."[112] So steht auch in der Erzählung *Kassandra* von Christa Wolf der Satz: "Hervorbringen müssen, was einen vernichten wird."[113] Er trifft den Zusammenhang von Negation, Utopie und Selbstzerstörung, mit dem sich, wie auch Koeppen empfindet, der moderne Schriftsteller konfrontiert sieht, der das Problem der Authentizität in den Mittelpunkt stellt.

> Der Satz beschreibt auch die zwiespältige Situation des Autors, der einerseits von der Unmöglichkeit, Literatur mit der - naturgeschichtlichen - Authentizität des Mythos noch zu schreiben, überzeugt ist, aber andererseits auf der Notwendigkeit des Erzählens (...) insistiert.[114]

Diese Notwendigkeit besteht deshalb, wie Christa Wolf in ihrer Frankfurter Poetikvorlesung ausführt, weil Erzählen human ist und Humanes, Gedächtnis und Anteilnahme hervorbringt, "auch dann, wenn die Erzählung teilweise eine Klage ist über die Zerstörung des Vaterhauses, den Verlust des Gedächtnisses, das Abreißen von Anteilnahme, das Fehlen von Verständnis"[115].

Und doch hofft Koeppen noch in der Büchner-Preisrede, daß der Schriftsteller in täglich erkämpfter vogelfreier Existenz wie die Trompeten von Jericho Mauern zum Einstürzen bringen kann:

> Die Trompeten von Jericho, was waren sie denn als ein Gedanke, der gedacht und schließlich verstanden, als ein Wort, das gerufen und endlich gehört wurde? (GW 5, 259)

Koeppen sieht in den Trompeten von Jericho nicht die Kriegsfanfaren des Volkes Israels, sondern Musikinstrumente, die allegorisch für das Wort, für die Literatur stehen, nicht für die direkte Aktion. Nur die in Kunst verwandelte Wirklichkeit bewirkt Veränderung. Die 1962 noch optimistische Färbung der Grundhaltung Koeppens hat sich danach immer mehr verloren, um im hohen Alter aber wieder mehr hervorzutreten. So antwortete er in einem Interview 1972 auf die Frage, was Schreiben für ihn bedeutet: "Qual, Freude, sinnlose Sinngebung des

---

[111] Vgl. Lersch 1985, S. 166
[112] Wolf, Christa: Voraussetzungen einer Erzählung: Kassandra, Darmstadt und Neuwied [10]1986
[= 1986a], S. 110
[113] Wolf, Christa: Kassandra, Darmstadt und Neuwied [3]1986 [= 1986b], S. 71
[114] Lersch 1985, S. 166
[115] Wolf 1986a, S. 36

Sinnlosen."[116] Die Büchner-Preisrede würde er heute so nicht mehr wiederholen: "Ich bin mittlerweile sehr von der Machtlosigkeit des Schriftstellers überzeugt, von der Vergeblichkeit seines Unternehmens. Das Schlimme geschieht, ob der Schriftsteller schreibt oder schweigt."[117]

2.3 Ideologiekritik als Ideologie

Wolfgang Koeppen mag weder ein Handelnder im Sinne von gesellschaftspolitisch aktiv sein, noch über sein literarisches Handeln theoretisch nachdenken. "Ich halte für mein eigenes Schaffen wenig von Theorien" (GW 5, 249). Im Gegenteil hält er methodologische Überlegungen während des Schaffensprozesses für gefährlich:

> Beim Wagnis, zu schreiben, bei der Verfertigung eines Produktes, das man am Ende einen Roman nennen möchte, lähmt, wie den Tausendfüßler das Gespräch über den Gebrauch seiner Beine, eine Beschäftigung mit der Theorie des Romans den Mut (GW 6, 363).

In seinen Porträts mißt er die Dichter nie an deren theoretischen Äußerungen, sondern ausschließlich am literarischen Werk: "Arno Schmidt, den ich liebe und bewundere, verkündet manchmal Gesetze, um die er sich als Erzähler zum Glück nicht kümmert" (GW 5, 249). Deshalb lassen sich aus diesen Texten keine literaturwissenschaftlichen Erkenntnisse erschließen, doch erfassen sie das Werk der Porträtierten auf einer anderen Ebene, wie im Kapitel über das Textbegehren noch zu zeigen ist.
Koeppen steht dem Literaturbetrieb von heute kritisch gegenüber und weigert sich, aktiv daran teilzunehmen, obwohl er schon längst vereinnahmt worden ist. Die Institutionalisierung, die der Literatur, der Literaturwissenschaft, selbst der Ästhetik widerfahren ist, sorgt dafür, daß der Freiraum, den Literatur einmal bot, kaum noch von Ideologie freizuhalten ist, da jede Institution Normen aufstellt, mit denen ihre Mitglieder konform sein müssen. Man kann auch hier von einer "Antiquiertheit" des Literaturbetriebs im Sinne Günther Anders' sprechen. Christa Wolf, die sich in ihrem Werk - wie Koeppen, wenn auch auf eine andere Weise -

116 Linder, Christian: Im Übergang zum Untergang. Über das Schweigen Wolfgang Koeppens. In: Akzente 19 (1972), S. 48
117 Sendker, Jan-Philipp: Das Schlimme geschieht, ob man schreibt oder schweigt. In: Literatur Konkret 1984/85, Nr. 9, S.80

hauptsächlich damit auseinandersetzt, wie eine authentische Subjektivität in einer subjektivitätsfeindlichen sozialen Umwelt überhaupt noch gelebt werden kann[118], führt in diesem Zusammenhang in ihrer Frankfurter Poetikvorlesung aus: "Es gibt keine Poetik, und es kann keine geben, die verhindert, daß die lebendige Erfahrung ungezählter Subjekte in Kunst-Objekten ertötet und begraben wird."[119] Solchen kulturkritischen Wertungen, die davon ausgehen, daß "Kunst und Ästhetik in dem Maße, in dem sie sich der Institutionalisierung nicht entziehen können, stets auch Instanzen der (Selbst)entfremdung einer Kultur und mithin Träger von Herrschaftsdenken sind"[120], veranlassen Christa Wolf, eine Anti-Poetik zu erstellen, wobei sie sich aber der Aporie, daß diese auch wieder integriert werden kann, bewußt ist. Obwohl von Koeppen keine theoretischen Äußerungen zu diesem Gesichtspunkt von Literatur als Institution vorliegen, nur Schilderung über Probleme mit dem Literaturbetrieb[121], kann man davon ausgehen, daß Christa Wolfs Ansichten mit seinen übereinstimmen, da er sein Mißtrauen gegenüber gesellschaftlichen Institutionen und Ideologien generell zum Ausdruck bringt: "Ich habe kein fertiges Weltbild, keine Ideologie, ich versuche sogar, jede Lehre in Frage zu stellen."[122]

Sein totaler Ideologieverdacht gegenüber allen Weltanschauungen entspricht einem Topos aus der Nachkriegszeit, den Hans Mayer mit "Ideologie der Ideologiefeindschaft"[123] benennt. Aus der Erfahrung heraus, wie der deutsche Expressionismus als ideologische Bewegung der Revolte und des Protestes scheiterte und von den Nationalsozialisten mißbraucht wurde, entwickelt sich nach dem Krieg unter einigen Literaten, besonders aus der Gruppe 47 - an deren Tagungen Koeppen nur wenige Male teilnimmt[124] -, eine Haltung der Ideologiefeindschaft, die die Vorstellung eines falschen bzw. richtigen Bewußtseins verwirft. Man hält eine neue literarische Praxis im Dienste einer totalen Ideologiefeindschaft für möglich, kann sie jedoch weitgehend nicht verwirklichen. Wolfgang Koeppen hält den Ideologieverdacht in seinen Romanen der 50er Jahre noch am radikalsten ein. Auch der französische Post-

---

[118] Vgl. Lersch 1985, S. 146
[119] Wolf 1986a, S. 8
[120] Lersch 1985, S.145
[121] Vgl. z. B. Er schreibt über mich , also bin ich, (GW 5, 349-351)
[122] Arnold 1975, S. 130
[123] Mayer, Hans: Deutsche Literatur seit Thomas Mann, "Der totale Ideologieverdacht". In: Zur deutschen Literatur der Zeit. Zusammenhänge. Schriftsteller. Bücher. Reinbek bei Hamburg 1967, S. 305
[124] Vgl. Lettau 1967

37

strukturalismus propagiert eine *Ideologie der Nicht-Ideologie*. Bei den linken Intellektuellen hinterläßt das politische Engagement besonders nach den Studentenrevolten im Mai 1968 ein Gefühl der Ohnmacht des Individuums. Politische Ereignisse wie die Niederschlagung des Ungarnaufstands, der Mauerbau in Berlin, der Einmarsch in die CSSR durch das kommunistische Regime der Sowjetunion und das Bekanntwerden der Grausamkeit in den Gulags, aber auch ideologische Konflikte mit China waren schon seit jeher harte Belastungsproben für den Glauben einer möglichen kommunistischen Praxis und an die Sinngebung des Lebens durch die Revolution.[125] Es kommt - auch durch die zunehmende Terrorisierung radikaler Gruppen - zu der vielbesprochenen Krise der europäischen Linken. In diesem weltanschaulichen Vakuum erscheint der Strukturalismus, der "das gemeinsame Fazit der Ergebnisse so hochspezialisierter und komplizierter Wissenschaften wie der Kybernetik, Linguistik, Logistik, Psychoanalyse und Ethnologie" darstellt, als eine kompetente wissenschaftliche Methode, mit der man die gerade erlebte "Erfahrung von der Ohnmacht des sich engagierenden Subjekts und der sogenannten höheren Zivilisationen gegenüber den fundamentalen Problemen unserer Epoche, vor allem gegenüber dem des historischen Wandels"[126], glaubt umsetzen zu können, indem man die Macht bei unwandelbaren Strukturen sieht. Dieser Standpunkt wurde vor allem durch Roland Barthes spätere Arbeiten zur Semiotik, die er auf textlinguistischen Grundlagen aufbaute, weiter entwickelt. Er fordert ein "systematisches Durchspielen der Strukturen" ohne die Verhärtung durch ein abgeschlossenes, starres System.[127]

Wenn Koeppens Selbstverständnis von einer fortwährenden Betonung der Idee vom Schriftsteller als einem sich selbstbestimmenden, autonomen Individuum geprägt wird und alle Entfremdung bzw. Verlusterfahrung, die letztlich auch Selbstentfremdung bewirkt, von außen, also von den gesellschaftlichen Verhältnissen an ihn herangetragen werden, bleibt für ihn nur das Außenseitertum, um Individualität noch leben zu können. Solch eine Einstellung wird von der Utopie getragen, daß die gesellschaftlichen Bedingungen ein sich selbst bewußtes Individuum zulassen würden, sofern der Außenseiter als Insider die Geschicke der Gesellschaft lenken könnte. Koeppen selbst erkennt sehr wohl,

---

125 Vgl. Schiwy, Günther: Der französische Strukturalismus. Mode - Methode - Ideologie, Reinbek bei Hamburg 1984, S. 25
[126] Schiwy 1984, S. 27
[127] Vgl. Theis, Raimund: Roland Barthes. In: Lange, Wolf-Dieter (Hg.): Französische Literaturkritik der Gegenwart in Einzeldarstellungen, Stuttgart 1975, S. 273

daß dieses im gegenwärtigen Literaturbetrieb unzeitgemäße Festhalten an einem autonomen Individuum einer bürgerlichen Ideologie verfangen bleibt. Klaus Scherpe weist im Zusammenhang mit der Nachkriegsliteratur auf eine Robinsonmentalität und ein Gefühl der Gesellschaftslosigkeit als Formen der Lebensbewältigung nach dem Krieg hin. Durch die realen Tatbestände einer sozialen Desorganisiertheit - "Zusammenbruch der Produktion, der Verkehrswege und der Versorgung, die Trennung der Familien und das Flüchtlingsschicksal, die Umschichtung der Geschlechterrollen und der Berufe bei weitgehender Arbeitslosigkeit (...)"- wird "im individuellen Erfahrungsbereich die Realität eines sozialen Identitätsverlustes erzeugt"[128], dem jene Robinsonmentalität entgegengestellt wird. Sie ist zusammen mit dem Gefühl der Gesellschaftslosigkeit als Überlebensstrategie in vielen konkreten Handlungen nachweisbar und beide sind als "ideologische Effekte" zu bestimmen, "da sie, in voller Übereinstimmung mit sich selber, eine Illusion zur Lebensrealität machen: die Illusion der Klassenversöhnung, die Illusion, durch Eigeninitiative soziale Lebenszusammenhänge zu schaffen, welche die gesellschaftlichen Widersprüche außer Kraft setzen"[129].

Durch diese Illusion geht der Blick für gesellschaftliche Herrschafts- und Unterdrückungsmechanismen verloren, und die Entwicklung von politischem Bewußtsein wird eingeschränkt. Wolfgang Koeppen verhält sich diesen zeitgenössischen ideologischen Tendenzen gegenüber zwar ideologiekritisch, doch sind keine durchformulierten, klaren politischen Aussagen von ihm zu erwarten. Klaus Scherpe zeigte an dem Roman *Tauben im Gras*, daß Koeppen auch als Ideologiekritiker innerhalb der ideologischen Wirklichkeit und auch als Sprachkritiker Sprachideologe bleibt. Dennoch suche sich Koeppen in seinen Romanen von Ideologie frei zu machen. Das gilt genauso für die nicht-fiktionalen Texte; wenn dies auch nicht gelingen kann, so sei er doch in der Lage, seine eigene Ideologie aufzuzeigen und in Frage zu stellen.

Er artikuliere seine Kritik am Mangel von subjektiver Lebensmöglichkeit, ohne "es auf den Begriff zu bringen", "das Aussprechen eines Unaussprechbaren" sei es, an dem Koeppen sich sprachlich abarbeite[130] :

---

[128] Scherpe, Klaus R.: Erzwungener Alltag. Wahrgenommene und gedachte Wirklichkeit in der Reportageliteratur der Nachkriegszeit. In: Nachkriegsliteratur in Westdeutschland 1945-49. Schreibweisen, Gattungen, Institutionen, hg. v. Jost Hermand, Helmut Peitsch und Klaus R. Scherpe, Berlin 1982, (Argument-Sonderband; AS 83), S. 45

[129] Scherpe 1984, S. 11

[130] Vgl. Scherpe 1984, S. 24

Auch Koeppens Romanwelt ist zweifellos um die 'Rettung' eines Subjekts bemüht, die Rettung des als Subjekt handelnden Schriftstellers. Nur: Das, was dieser Schriftsteller als Kunst verlautbart (...), folgt unausgesprochen einer Struktur der Dezentrierung und Desillusionierung eines ideologisch vorgedeuteten Ich-Ideals.[131]

Dieser Kernsatz soll als Ausgangspunkt für die weiteren Überlegungen dienen.

3 Wolfgang Koeppen und der Essay

3.1 Was ist ein Essay?

3.1.1 Problem einer vierten Gattung

Der ganze Geist der Essayistik ist in dem ersten Satz der großen englischen Essaysammlung - der 1597 veröffentlichten von Francis Bacon - enthalten: 'What is Truth; said jesting *Pilate*; And would not stay for an Answer.' Der scherzende Pilatus, der Fragen stellt, aber auf die Antwort nicht wartet, ist die urbildliche Verkörperung des Essays, der Essayistik und des Essayisten.[132]

Michael Hamburger hat mit diesem Hinweis sicher recht, leider ist er für methodische Fragen unzureichend.

Die grenzgängerischen Qualitäten des Essay, von denen noch zu sprechen sein wird, machen es der Forschung seit jeher schwer, eine schlüssige Gattungs-definition zu finden. Dazu kommt die Tatsache, daß bedeutende Literatur des 20. Jahrhunderts, z. B. Robert Musils *Mann ohne Eigenschaften*, Hermann Brochs Romane und viele Texte der Gegenwartsliteratur, essayistische Momente aufweisen. In der Forschung hat man sich überwiegend auf die Diskussion eines Merkmalkatalogs beschränkt, der an dieser Stelle nicht weiter ausgeführt werden soll, da wichtige Merkmale im folgenden implizit behandelt werden.[133]

In den sechziger Jahren beginnt eine Diskussion über die Erweiterung des Literaturbegriffs und über die Einführung einer vierten Gattung[134], als man

---

[131] Scherpe 1984, S. 24
[132] Hamburger, Michael: *Essay über den Essay*. In: Akzente 12 (1965), S. 290
[133] Für eine Zusammenstellung der Wesensmerkmale vgl. Haas,Gerhard: Essay, Stuttgart 1969, (Sammlung Metzler, M 83), S. 47-56
[134] Bei der Darstellung des Diskussionsverlaufs folge ich teilweise ohne weitere Anmerkung Belke, Horst: Literarische Gebrauchsformen, Düsseldorf 1973 (Grundstudium Literaturwissenschaft; Hochschuldidaktische Arbeitsmaterialien; 9)

versucht, die Literaturwissenschaft von der Literaturbetrachtung als reine Dichtungsinterpretation - Wolfgang Kaysers[135] Name steht dafür - zu lösen, und ihr Interessensgebiet zu erweitern. Durch eine Liberalisierung der Formenlehre[136] will man die *Trinität* Epik, Lyrik und Drama der Staigerschen Gattungspoetik[137] überwinden und bedenkt die Einführung einer vierten Gattung. Zu den Bemühungen, die literarischen Gattungen zu erweitern, schreibt Friedrich Sengle:

> Wenn man schon von einer vierten Gattung sprechen will, dann sollte man einen möglichst allgemeinen Begriff wählen (Zweckformen, Gebrauchsformen u.s.w.), der die verschiedenen historischen und gesellschaftlichen Formen der nicht poetischen Literatur in sich vereinigt.[138]

Jedoch ist nicht damit gedient, den Gegenstandsbereich der Literaturwissenschaft auf alles Geschriebene, auch auf die Gebrauchsliteratur wie Werbetexte oder Gesetzestexte auszuweiten, und alles, was sich nicht in die traditionelle Gattungstrias einordnen läßt, einer vierten zuzuschreiben, sondern es müssen auch Erkenntnisziele und Methoden neu überdacht werden.[139] Auf diesbezügliche Überlegungen einer Neuorientierung der Germanistik, die die Frage nach der Literarizität mit rezeptionsästhetischen, kommunikationswissenschaftlichen, pragmatischen, inzwischen auch strukturalistischen und semiotischen Ansätzen aufgreift, kann hier nicht weiter eingegangen werden.

Bereits 1955 spricht Hans Wolffheim davon, "daß der Essay das Kontinentalrecht einer eigenen Gattung beanspruchen darf", die geprägt sei "von eigenem Reichtum und Reiz, die jedoch nach ihrer Eigengesetzlichkeit in unseren Literaturgeschichten behandelt zu sehen man bisher vergebens hofft"[140]. Hans Hennecke stellt erneut die Frage nach dem Essay als vierte literarische Gattung

---

[135] Vgl. Kayser, Wolfgang: Das sprachliche Kunstwerk. Eine Einführung in die Literaturwissenschaft, Bern 1948

[136] Vgl. Ruttkowski, Wolfgang Viktor: Die literarischen Gattungen. Reflexionen über eine modifizierte Fundamentalpoetik, Bern und München 1968

[137] Vgl. Staiger, Emil: Grundbegriffe der Poetik [zuerst 1946], Zürich und Freiburg/Breisgau [8]1968

[138] Sengle, Friedrich: Vorschläge zur Reform der literarischen Formenlehre. Dichtung und Erkenntnis, Band 1, Stuttgart [2]1969, S. 15

[139] Vgl. Kolbe, Jürgen (Hg.): Ansichten einer künftigen Germanistik, München 1969, und Kolbe, Jürgen (Hg.): Neue Ansichten einer künftigen Germanistik, München 1973, und Wozu noch Germanistik? Wissenschaft - Beruf - Kulturelle Praxis, hg. v. Jürgen Förster, Eva Neuland und Gerhard Rupp, Stuttgart 1989

[140] Wolffheim, Hans: Der Essay als Kunstform. Thesen zu einer neuen Forschungsaufgabe. In: Festgruß für Hans Pyritz zum 15.9.1955. Aus dem Kreise der Hamburger Kollegen und Mitarbeiter, Heidelberg 1955 (Sonderheft des Euphorion 1955), S. 27

und begründet eine Erweiterung der "Gattungstrias" um den Essay damit, daß es beim Essay nicht wie bei den drei anderen Gattungen gelinge, formale Struktur und thematischen Gehalt "aus seiner 'Idee' zu erschließen und zu entfalten", er besitze vielmehr sein eigenes "Versuchsfeld" und sei "Person und Sprache zugleich gewordener Geist"[141]. Daher sei der Essay von den anderen Gattungen zu unterscheiden. Gerhard Haas widerspricht dieser Ansicht mit dem Argument, daß dann alle angrenzenden Formen, wie Fragment, Aphorismus, Feuilleton oder Traktate, entweder auch eine eigene Gattung bilden oder ausgeschlossen werden müßten, andernfalls gerieten sie "in ein sachlich schwer zu rechtfertigendes Unterordnungsverhältnis zum Essay"[142]. Ludwig Rohner erklärt 1966 in seiner bis heute umfang- und materialienreichsten Untersuchung[143], den Essay zu einer eigenen, zu einer vierten Gattung, deren Ort bei der klassischen Ästhetik in der didaktischen Poesie zu finden sei. Rohner hält die Trennung zwischen Dichtung und Literatur aufrecht und stellt fest, daß einzig beim Essay die Frage nach der Gattung mit einer Wertung zusammenfalle, denn ein schlechter Essay sei keiner mehr. Hierin widerspricht ihm Heinrich Bosse in einer *Die vierte Gattung* titulierten Besprechung mit dem Hinweis: "Man braucht den Essay nicht zur Dichtung zu erheben, wohl aber ist es nötig, den Unterschied von Literatur und Dichtung aufzuheben."[144] Setze man Gattungs- und Wertungsfrage gleich, könne eine Veränderung der reinen essayistischen Form nicht mehr stattfinden, ohne daß die Definition betroffen sei.

Wenn J.D.C. Potgieter 1987 in einer Untersuchung über den Essay wiederum von einer "spezifischen, d.h. eigenständigen Form des literarischen Kunstwerks" oder von einer "literarischen Kunst eigener Art" spricht[145], zeigt sich, daß sich der Lösungsansatz Horst Belkes, den auch die vorliegende Untersuchung als Grundlage nimmt, noch nicht durchgesetzt hat.

Im Zusammenhang mit der Erweiterung des Gegenstandsbereiches der Literaturwissenschaft werden unter den Begriff *Gebrauchsform* alle Texte subsumiert, die nicht zu den herkömmlichen Gattungen gezählt werden können; damit ist dieser Begriff jedoch nicht mehr klar abgrenzbar. Die Tatsache, daß moderne

---

141 Vgl. Hennecke, Hans: Die vierte literarische Gattung. Reflexionen über den Essay. In: Kritik. Gesammelte Essays zur modernen Literatur, Gütersloh 1958, S.7-10

142 Vgl. Haas 1969, S. 36

143 Rohner, Ludwig: Der deutsche Essay. Materialien zur Geschichte und Ästhetik einer literarischen Gattung, Neuwied und Berlin 1966

144 Bosse, Heinrich: Die vierte Gattung. In: Sprache im technischen Zeitalter 1970, Heft 33, S. 80

145 Potgieter, J.D.C.: Essay: Ein "Misch-Genre"? In: Wirkendes Wort 37 (1987), S. 193-205

literarische Darstellungstechniken zunehmend Eingang in Gebrauchstexte finden, sorgt für eine zusätzliche Ausweitung der Begrifflichkeit. Bis heute "mangelt es an der kategorialen Durchdringung der Gattungsdifferenzierung unter Einbeziehung auch der Formen der Gebrauchsliteratur, mangelt es also an einer übergreifenden ästhetischen Texttheorie."[146] Belke hat bereits 1973 eine Formtypologie für Gebrauchsformen aufgestellt: er unterscheidet nach *reinen* Gebrauchsformen, z. B. Gebrauchsanweisungen, Wetterbericht u.s.w., die ohne literarischen Anspruch einem praktisch-okkasionellen Zweck dienen, *literarisierte*, die literarische Elemente zur Erreichung eines praktischen Ziels einsetzen, und *literarische*, die reine oder literarisierte Formen für fiktive Zwecke einsetzen, z.b. Briefroman, fingiertes Tagebuch u.s.w.[147] Die literarischen Gebrauchsformen werden klassifiziert nach informierenden (z. B. Abhandlung, Traktat, Biographie), wertenden (z. B. Essay, Feuilleton, Kritik) und appellierenden Funktionen (z. B. Rede, Predigt, Polemik). Dabei ist noch keine Aussage über die Literarizität der Texte getroffen. Da diese abhängig ist von der jeweiligen Funktion im Kommunikations- bzw. Rezeptionszusammenhang, kann "potentiell jeder Text im Rezeptionsvorgang ästhetische Relevanz gewinnen"[148]. Auf Belkes grundsätzliche Erörterungen ästhetischer und praktischer Textfunktionen, die sich auf Überlegungen Jan Mukarovskys stützen, soll hier nicht weiter eingegangen werden. Seine Klassifikation von Gebrauchstexten weist jedoch einen ersten Weg aus der Aporie der Gattungsdefinitionen des Essays, wobei auch Belke auf klassifikationsüberschreitende Funktionen des Essays hinweist: "Der *Essay* wird aufgrund einer ihm eigenen artistisch-spielerischen Zweckfreiheit vielfach als Kunstform und nur bedingt als Gebrauchsform angesehen."[149] Die fundierte Kritik Wilhelm H. Potts an Belke zeigt zugleich, daß dessen Erörterungen nur den Ausgangspunkt zu einer "umfassenden Neubegründung von Begrifflichkeit und methodischen Verfahrensweisen"[150] bilden können. Pott weist nach, daß Belkes Klassifikation die Kategorien einer idealistischen Ästhetik aufs neue reproduziert und mit einer historisch nicht hinterfragten Begrifflichkeit arbeitet. Er sieht die zukünftige Textarbeit in einer interdisziplinären Zusammenarbeit von Sozial-,

---

[146] Todorow 1986, S. 139
[147] Belke 1973, S. 8
[148] Belke 1973, S. 78
[149] Belke 1973, S. 105
[150] Vgl. Pott, Wilhelm H.: Autonomie und Heteronomie. Anmerkungen zur literaturwissenschaftlichen Problematik der Gebrauchstextdiskussion. In: Gebrauchsliteratur: Methodische Überlegungen und Beispielanalysen, hg. von Ludwig Fischer, Knut Hickethier, Karl Riha, Stuttgart 1976, S. 27

Medien- und Literaturwissenschaft sowie der Linguistik in konkreten Projekten am Gegenstand - den Gebrauchstexten - selbst.[151] In einer funktionsbezogenen Analyse sollen die Produktionsbedingungen wie Entstehung, Distribution und Rezeption in ihrer geschichtlichen Bedingtheit gesehen und gleichzeitig das Modell einer *textuellen Kommunikation* geschaffen werden. So führen auch Potts Überlegungen letztlich zu einer Irrelevanz des Essays als Gattung.

3.1.2. Grenzgängerische Qualität des Essays

Ein durchgängiger Topos der Essayforschung ist der Hinweis, daß diese Textsorte als "Spielraum einer abenteuernden und grenzgängerisch-unberechenbaren Freiheit"[152] gilt, in dem Offenheit, Experimentierfreudigkeit und Inkommensurabilität realisiert werden können. Theodor W. Adorno faßt seine Ausführung über den Essay zusammen mit dem Satz: "Darum ist das innerste Formgesetz des Essays die Ketzerei."[153] Es wird geradezu eine Abweichung von normativen Voraussetzungen als Norm gefordert. Damit entsteht für den Gattungsbegriff ein paradoxes Dogma: Man braucht auf der einen Seite Abgrenzungsmomente, um eine eigenständige Gattung zu schaffen, proklamiert aber auf der anderen Seite den Unbestimmtheitscharakter des Essays, das heißt man hebt "die Unterscheidung von Medium (Gattung) und Form (individuelle Realisierung innerhalb der Gattung)" auf.[154] Und doch gibt es einen beachtlichen Konsens darüber, was als Essay zu verstehen ist. Die meisten Literaturwissenschaftler, die über Essayistik schreiben, behelfen sich mit dem Aufstellen eines Merkmalkatalogs, jedoch immer mit der Einschränkung, daß dieser nicht abzuschließen sei.

Stanitzek hat eine soziologische Beobachtung von Niklas Luhmann aufgegriffen, um das Paradox aufzulösen. Luhmann weist darauf hin, daß es "sinnvoll ist, schematisch die beiden in der Zeitdimension möglichen Ordnungen des Verhältnisses von Konformität und Abweichung zu unterscheiden, also einerseits die Sequenz 'konform - abweichend' und anderseits die Sequenz 'abweichend -

[151] Pott 1976, S. 32
[152] Stanitzek 1993, S. 596
[153] Adorno, Theodor W.: Der Essay als Form. In: Noten zur Literatur [zuerst 1958], Frankfurt/Main 1981, S. 33
[154] Vgl. Stanitzek 1993, S. 597

44

konform'."[155] Die erste Sequenz mit ihrer Erwartungshaltung nach Konformismus sei nicht durchzuführen, da jeder Versuch einer exakten Kopie der Norm nicht zum Ziel kommen könne, es immer Abweichungen gäbe. Die zweite, hier bevorzugte Sequenz entstehe aus einem als Norm gesetzten Nonkonformismus, von dem man nicht abweichen könne. Durch diesen Wechsel von einem *Konformitäts-* zu einem *Abweichungsprogramm* verlagere sich das Problem von der Unwahrscheinlichkeit einer Normerfüllung zu einem Wunsch, überhaupt etwas Sinnvolles zu tun, was dazu motiviere, "sich gewissermaßen dennoch an einer Reihe von verfügbaren Mustern auszurichten, so daß insofern tatsächlich von einem in diesem Modus wahrscheinlichen Zuwachs an Stabilität - 'Konformität' - gesprochen werden kann."[156] Auf den Essay angewandt bedeute dies, daß die Tendenz zu Individualismus und Offenheit, die in Poetologien als konstitutiv bezeichnet wird, zusammengehen könne mit einer Formkonstanz und einer kulturkonservativen Ausrichtung.

Dieser Gedanke von Konformität und Abweichung läßt sich auch auf einen weiteren Aspekt des Grenzgängerischen des Essays beziehen, nämlich auf die Stellung des Essays zwischen Kunst und Wissenschaft. Der Essay kann weder eindeutig der Kunst noch der Wissenschaft zugeordnet werden, aber auch einen eigenen dritten Bereich vermag er nicht zu konstituieren. Ausgehend von dem Abweichungsmodell "abweichend-konform" kann man erkennen, daß der Essay in beiden Systemen, sowohl der Kunst als auch der Wissenschaft, toleriert werden kann, obwohl er nicht systemkonform entsteht, das heißt, daß er die Regeln und Methoden dieser Bereiche üblicherweise mißachtet. Die Annäherung, die die Literaturwissenschaft und die Literaturkritik in den angelsächsischen Ländern (- *literary criticism* -) und auch bei Roland Barthes erfahren haben, wird im deutschen Raum kaum nachvollzogen. Bernd Scheffers Vorschlag steht deshalb noch nicht in einem größeren Denkzusammenhang, wenn er Interpretation als eine essayistische Tätigkeit sehen möchte, da die methodischen und formalen Differenzen zwischen Literaturkritik und Literaturwissenschaft weit geringer seien als von der Wissenschaft formuliert[157] . Auch die Grenzziehung zur Literatur bleibt vorerst bestehen. Friedrich Schlegels Wort: "Poesie kann nur durch Poesie kritisiert werden"[158] , wirkt zwar bei neueren Lösungsvorschlägen

[155] Stanitzek 1993, S. 604
[156] Stanitzek 1993, S. 605
[157] Scheffer, Bernd: Interpretation und Lebensroman. Zu einer konstruktivistischen Literaturtheorie, Frankfurt/Main 1992, S. 285.
[158] Schlegel, Friedrich: Schriften zur Literatur, hg. v. Wolfdietrich Rasch, München 2 1985, S. 22

45

nach, doch übt etwa Jürgen Habermas scharfe Kritik an einer "Diskurs-
verschmelzung" durch dekonstruktivistische Theorien, die eine Aufhebung der
Distanz zwischen Literaturwissenschaft bzw. Philosophie und der Literatur
anstreben.[159] Sollen Kunst und Wissenschaft als abgrenzbare soziale Systeme
erhalten bleiben, so schließt das nicht aus, "daß der Essay die Möglichkeit hat,
von Kunst und Wissenschaft irritiert zu werden oder sie seinerseits zu
irritieren."[160] Die essayistische Tätigkeit als grenzgängerische beschreibt auch
Ulfried Schaefer.[161] Dabei sieht er im Essay eine Darstellungs- und
Mitteilungsform, in der versucht wird, "Denken und Sinnliches und den
Menschen und sein Objekt mit Wissenschaft und Kunst in der Form als Synthese
von Begriff und Bild zu vermitteln."[162] Damit ist nicht eine Synthese, eine
Verschmelzung von Wissenschaft und Kunst gemeint, sondern die Suche nach
einer, wenn auch utopischen Einheit des nach Wahrheit suchenden Menschen mit
seiner verschiedenartigen Wirklichkeit. "Will er [der Mensch] die Probleme der
heutigen Zeit behandeln, muß er sie aus dem rein Begrifflichen oder vorwiegend
Sinnlichen so transformieren, daß sie die Form des Konfiniums zwischen
Wissenschaft und Kunst annehmen."[163]
Nach Schaefer stehen dem Essay mehrere Möglichkeiten, grenzgängerisch zu
verfahren, zur Verfügung. Mit dem bewußten Einsetzen von *Polysemie*, der
Tatsache, daß ein Wort mehrere zusammenhängende Bedeutungen hat, könne der
Essay die Komplexität der Realität adäquat abbilden. Eine Tautologie oder eine
partielle Synomymie sei nicht nur ein semantisches Konstrukt, sondern ent-
spreche auch faktischen Überlagerungen in der Erfahrungswirklichkeit. "Die
Polysemie gibt dem Essay die Möglichkeit, der im erfaßbaren Komplexen
liegenden unendlichen Wahrheit im Denken nahe zu kommen, ohne die
Begrenzung des Begrifflichen, den Vorteil der Determination, grundsätzlich
aufzugeben, weshalb er beides verwendet."[164]
In einem *perspektivischen Denken*, einer weiteren Möglichkeit des Essays,
entstehe ein ständig erweiterbarer Zusammenhang zwischen einzelnen Problemen
durch die Projektion auf einen übergeordneten Begriff. "Perspektivismus meint

---

[159] Vgl. die Kritik an Jacques Derrida in Habermas, Jürgen: Der philosophische Diskurs der
   Moderne. Zwölf Vorlesungen, Frankfurt/Main 21989
[160] Scheffer 1992, S. 291
[161] Schaefer, Ulfried: Der Essay und die aktuellen Probleme. Überlegungen zu einer
   zeitgemäßen Darstellung. In: Wirkendes Wort 37 (1987), S. 205-216
[162] Schaefer 1987, S. 208
[163] Schaefer 1987, S. 208
[164] Schaefer 1987, S. 208-209

46

den unabgeschlossenen Prozeß der Suche nach der Wahrheit der Kausalität der einzelnen Probleme und ihrer Beziehungen zueinander."[165]
Eine dritte Denkfigur, die der Essay bevorzuge, sei die *Paradoxie*, mit der die These und ihre gleichzeitig gütige Antithese - der Antagonismus der Wirklichkeit - erfaßt und ausgedrückt werden könne "Paradoxie durchmißt die Wirklichkeit bis zu ihren Extremen".[166]
Das begriffliche Instrumentarium der Polysemie, des Perspektivismus und der Paradoxie lasse sich nur bedingt mit Wissenschaftlichkeit und ihrer systematischen, eingrenzenden Methode vereinbaren und zeige eher Offenheit, Pluralismus und Spiel. Verbunden mit Intuition, Assoziation und Suggestion entstehe so ein essayistisches Denken, das "die Enge des Nur-Begrifflichen schon im Begrifflichen zu erweitern [suche], ohne das Denken als notwendiges Mittel zur Wahrheitsfindung auszuschalten"[167].
Um auch jene Wahrheit, die im Außer-Begrifflichen liegt, mit einbeziehen zu können, verfahre essayistisches Denken auch bildschaffend und rücke damit an die Grenze zur Dichtung. Subjektivität und Phantasie unterstützen diese andere Komponente der essayistischen Struktur. Durch diese Vermittlung von Bild und Begriff in der Wirkung seiner Form befindet sich der Essay "zwischen der offenen, symbolischen Kunst und der begrenzten, deutlichen Wissenschaft, zwischen Ahnung und Wissen, auch zwischen Konkretem und Abstraktem, weil er um die Relativität des Bewußtseins weiß"[168].
Dieses wissenschaftliche Ergebnis Schaefers unterstützt eine mehr intuitive Beobachtung, die Horst Krüger 1964 gemacht hat: "Die tiefste und schöpferischste Struktur des Essays ist das Paradox: daß etwas schauend gedacht wird, daß etwas Bildhaftes reflektiert wird, daß etwas Absolutes im Fragment aufleuchtet."[169] Schließlich sei hier abschließend noch auf eine Überlegung Hamburgers von 1965 hingewiesen:

> Der Essay ist keine Form, sondern vor allem ein Stil. Von der reinen, absoluten oder autonomen Kunst unterscheidet er sich durch seinen Individualismus. Der Witz des Essays, wie auch seine Berechtigung und sein Stil, liegt in der Persönlichkeit des Autors, weist immer auf sie zurück.[170]

---

[165] Schaefer 1987, S. 209-210
[166] Schaefer 1987, S. 211
[167] Vgl. Schaefer 1987, S. 212
[168] Schaefer 1987, S. 215
[169] Krüger 1964, S. 97
[170] Hamburger 1965, S. 91

Diesem Gedanken schließt sich auch Bosse an: "Der Essay lebt nicht von seinem Thema, sondern vom Stil."[171] Essay wird nicht als eine literarische Form betrachtet, sondern als Stil, als ein bestimmter Denkstil, der auf einen Lebensstil ausgeweitet werden kann. Betrachtet man sich die grenzgängerischen Momente, wie sie Schaefer aufgezeigt hat, so haben sie eher etwas mit einem Denkstil zu tun als mit einer bestimmten Form, wenn auch die durch dieses Denken bestimmte Form eine Wechselwirkung zeigt. Reinhard Baumgart zeigt 1957 in einem kritischen Artikel über moderne Essays die Gefahren auf, wenn im Essay nur dem "Stilgesetz des Interessanten" gefolgt wird. Es entstehe eine "geschmeidige, literarische Form", die originell und bestechend, aber auch substanzlos in eine Zeit paßt, in der eine hastige Produktion mit einem schnellen Konsumieren Hand in Hand geht.[172]

3.2   Der Ort Wolfgang Koeppens als moderner Essayist

3.2.1 Abgrenzung zum kulturkonservativen Essayisten

Über die historische Entwicklung des Essays besteht in der Forschung keine Einigkeit. Während vieles dafür spricht, Vorformen in der Antike bei der griechischen Diatribe, dann im Humanismus beim *Familiarum Coloquiorum Formulae* des Erasmus von Rotterdam[173] zu suchen, setzen andere Ansätze den Beginn einer eigenständigen Form *Essay* bei Michel de Montaignes und Francis Bacons Essay-Sammlungen an. Die Geschichte des deutschen Essays beginnt schon vor Hermann Grimms erstmaliger Verwendung des Begriffs *Essay* als Gattungsterminus 1859 mit der Epistolarliteratur des 18. Jahrhunderts.[174]
Betrachtet man Subjektivität als das konstitutive Element für den Essay, dann weist sich diese Textsorte als genuin bürgerlich aus und beginnt mit Michel de Montaignes Vorrede *An den Leser* im 18. Jahrhundert. Es ist die Form, in der das

---

[171] Bosse 1970, S. 79
[172] Vgl. Baumgart, Reinhard: Die Jünger des Interessanten. In: Merkur 11 (1957), S. 599-604
[173] Vgl. Schon, Peter M.: Vorformen des Essays in Antike und Humanismus. Ein Beitrag zur Entstehungsgeschichte der Essais von Montaigne, Wiesbaden 1954 (Mainzer Romanistische Arbeiten; 1), und Potgieter 1987, S. 195-198
[174] Küntzel, Heinrich: Essay und Aufklärung. Zum Ursprung einer originellen deutschen Prosa im 18. Jahrhundert, München 1969

48

an die Macht strebende frühe Bürgertum die sich entwickelnde autonome Subjektivität nicht nur ausdrückt, sondern zum Thema macht. "Subjektivität, Perspektive, experimentelles Denken, Kritik, pädagogische Intention - diese Kriterien weisen den Essay als adäquates Mittel der sich im Räsonnement zur bürgerlichen Öffentlichkeit vereinenden Privatleute aus."[175] Montaigne hat mit seiner Ansprache: "So also, liebe Leser, bin ich selber der Gegenstand meines Buches"[176] den entscheidenden Schritt zur frühbürgerlichen Subjektivität getan, indem er zum Dialog über sich selbst unter gleichberechtigten Mitgliedern einer Gemeinschaft aufruft. "Im Akt der Säkularisation wandelt sich der Richter zum Interpreten, der Sünder zum Menschen unter Menschen, zum abweichenden, doch begreifbaren Einzelfall des bürgerlichen Individuums."[177] Die Struktur des Essays ist dialogisch, weil sich das lineare Verhältnis von Bekenntnis und Urteil in einen Meinungsaustausch auflöst. Das Porträt wird zu einem bevorzugten Thema, denn "der Essayist kann eine spezifische Meinung im Bild eines Dritten figurieren."[178] Als besonders prägnantes Beispiel eines essayistischen Porträts kann Friedrich Schlegels Aufsatz über Georg Forster gelten, "insofern in dem vor-geführten Charakter alle Möglichkeiten des Essays personifiziert und thematisiert sind. Aufgeschlossenheit und Erlebnisfähigkeit, experimentelles Denken, Urteilskraft, Kritik und Mut zu subjektiver Meinung - das sind die Vorzüge, die Schlegel an Georg Forster hervorhebt."[179]

Mit Beginn des 20. Jahrhunderts kommt es zur Vereinsamung der Dichter und Essayisten, weil die für das frühe Bürgertum typische Verbindung des Essayisten zur interessierten Öffentlichkeit zerbrach. "Das Außen ist nicht mehr Gegenstand kritischer Analyse, sondern Stimulanz subjektiven Erlebens."[180] Die ursprünglich gesellschaftlich revolutionäre und progressive Form des Essays wird zum Monolog eines einsamen Dichters.

Koeppen nennt jedoch selbst den Unterschied zwischen seinen Porträts und dieser Art von kulturkonservativen Essays: "Es ist weniger der Versuch eines

---

[175] Schlaffer, Hannelore / Schlaffer, Heinz: "Der kulturkonservative Essay im 20. Jahrhundert". In: Studien zum ästhetischen Historismus, Frankfurt/Main 1975, S. 143. Sie folgen bei ihrer Herleitung der Gattung *Essay* aus deren gesellschaftlichen Funktion Jürgen Habermas: Strukturwandel der Öffentlichkeit (1960) und Reinhart Koselleck: Kritik und Krise (1959)
[176] zitiert nach Schlaffer 1975, S. 249
[177] Schlaffer 1975, S. 140
[178] Schlaffer 1975, S. 142
[179] Schlaffer 1975, S. 142
[180] Schlaffer 1975, S. 147

49

Dialogs mit der Welt, als eines Monologs gegen die Welt. Und die Welt ist für mich nicht nur das Sichtbare, sondern auch etwas Unsichtbares."[181] Koeppens Monolog gegen die Welt birgt die Gefahr des Sichverlierens, denn das Alleinsein mit einer Sprache, die immer wieder zu entweichen droht, gefährdet sein Schriftsteller-Ich. Hier liegt der Gegensatz zu traditionellen Essayisten, denen die Subjektivität noch nicht fragwürdig geworden ist.

Wenn im Essay des 18. Jahrhunderts ein experimentelles Denken wesensbestimmend ist und die subjektive Perspektive den Weg für Kritik frei macht, dann wird er zu der Form, in der gesellschaftliche Normen diskutiert, verworfen oder auch festgelegt werden können. Ist der Austausch zwischen der Öffentlichkeit und dem Schriftsteller verlorengegangen, wird aus dem öffentlichen Räsonnement ein immer nur um sich selbst kreisender Monolog. "Reflexion über Realität als konstitutives Element bürgerlicher Öffentlichkeit schlägt um in Selbstreflexion des isolierten bürgerlichen Subjekts."[182] In kulturkonservativen Essays des 20. Jahrhunderts tritt Emphase und eine "Apotheose des Genies" an die Stelle perspektivisch-relativierender Darstellung.[183] Als 1981 Koeppens Porträt-Sammlung *Die elenden Skribenten* erscheint, wird von der Kritik der Hang zur Bewunderung, der Enthusiasmus, mit dem Koeppen den Dichtern begegnet, hervorgehoben. Doch entgeht er jener "Apotheose des Genies", indem er gleichzeitig die Widrigkeiten eines Schriftstellerlebens schildert und die dichterische Existenz zu einer tragischen stilisiert. Mit der Äußerung: "Ich betrachte das künstlerische Bestreben nicht so sehr nach den Inhalten, die es gibt"[184] nimmt Koeppen eine Haltung ein, die Roland Barthes so beschreibt: "Der Schriftsteller ist ein Mensch, der das *Warum* der Welt radikal in einem *Wie schreiben* aufgehen läßt."[185] Koeppen setzt sich jedoch ab von einer puren manieristischen Kunstfertigkeit, zu dem Stil ohne eigenen Erkenntniswert verkommt. Es gelingt ihm "das Finden einer erkenntnisrelevanten Sprache und dennoch die Distanzierung von Kulturnorm und ihren Begriffen, die Verknüpfung von nicht einzuschläfernder Bewußtheit und ausbrechender Spontaneität"[186].

---

181 Arnold 1975, S. 138
182 Schlaffer 1975, S. 152
183 Schlaffer 1975, S. 146
184 Sauter 1986, S. 549
185 Barthes, Roland: Literatur oder Geschichte [zuerst 1963], Frankfurt/Main ³1981, S. 46
186 Bohrer, Karl Heinz: Ausfälle gegen die kulturelle Norm. Erkenntnis und Subjektivität - Formen des Essays. In: Literaturmagazin 6: Die Literatur und die Wissenschaften, hg. v. Nicolas Born und Heinz Schlaffer, Hamburg 1976, S. 24

50

Autoren wie Georg Lukács, Max Bense oder Theodor W. Adorno sehen im Essay eine Textsorte, die immer schon *vorgeformte Gegenstände* zum Thema hat, und damit im Essayisten einen "Deuter von Kunst und Kultur".[187] Und Ludwig Rohner bezeichnet den Essay als die "verspielte literarische Form eines noch stabilisierten Spätbürgertums", in der die ursprünglich angenommene Souveränität des Individuums sich noch gegen eine vergesellschaftete und technisierte Welt behaupten kann[188]. Bringt man diese Aussagen in einen Zusammenhang, dann erweist sich der Essay als "rückwärtsgewandte, traditionalistische Form intellektueller Perzeption", die sich den von der Kultur vorgegebenen Normen unterwirft.[189]

Auch Koeppen spricht von *vorgeformten Gegenständen*, wenn er Dichter - Kulturträger - und ihre Werke porträtiert, dennoch ist er nicht den kultur-konservativen Essayisten zuzurechnen. So beschreibt er die Bedrohung seines traditionellen Selbstverständnisses als Schriftsteller, der "den Akt des Schreibens als autonomen Akt subjektiver Sinnkonstitution und subjektiver 'Identifizierung' versteht und verkennt"[190] :

> Schmidt und ich waren, wie alle Schriftsteller dieser Welt, vor ein Problem gestellt, den Auseinanderfall, die Entfremdung, ja die Feindseligkeit von Literatur und Gesellschaft (GW 6, 418).

Diese Entfremdung verbindet sich mit einer "Unentschiedenheit bei antizipa-torischer Geisteshaltung"[191] , und beide werden zu konstitutiven Bestandteilen der essayistischen Denkhaltung Koeppens.

> Die vage Erwartungshaltung, der Fortschrittsskrupel, dieser aus Regressivem und Progressivem gemischte Denkstil sind der hypothetische Angriff auf die Welt. Kein leeres Versprechen, aber wohl die reine Utopie.[192]

Koeppens Sprache hat sich nicht der kulturellen Norm untergeordnet, sie bricht traditionelle semantische und syntaktische Regeln auf und erschwert damit den Zugang zu seinen Texten.

Koeppens Essays erscheinen auch in Tageszeitungen, und so liegt die Frage nach der Abgrenzung zwischen Feuilleton, Kritik und Essay auf der Hand. Die

---

[187] Bohrer 1976, S. 19-20
[188] Vgl. Rohner 1966, S. 19
[189] Vgl. Bohrer 1976, S. 20
[190] Treichel 1984, S. 17
[191] Bohrer 1976, S. 25
[192] Bohrer 1976, S. 25

51

Grenzen zwischen diesen Gebrauchsformen sind jedoch fließend. Während bei professioneller journalistischer Kritik der Gegenstand das Ziel ist, nimmt Koeppen diesen eher zum Anlaß für eigene Reflexionen. Bei der Form gibt es wenig Unterschiede, der Essay ist meist umfangreicher; die Themen sind ähnlich, doch werden sie im Feuilleton von aktuellem Tagesgeschehen beeinflußt. Koeppens Essays entstehen jedoch auch als Auftragsarbeiten zu bestimmten Anlässen. Machtstrukturen innerhalb einer Redaktion und Idcologic der Käuferschicht, die sich im Feuilleton auf Auswahl und Behandlung der Themen auswirken, spielen bei Koeppen keine Rolle, denn er ist an keinen Publikationsort gebunden. Das Feuilleton wird oft als der anspruchslosere, sprachlich weniger ausgearbeitetere, populärere Bruder des Essays bezeichnet. Erscheint das Feuilleton in der Tagespresse und ist mehr auf Breitenwirkung angelegt, so ist der Erscheinungsort des Essays eher die literarische Zeitschrift. Doch diese Unterscheidung trifft bei Koeppen nicht zu, da er sowohl in Tageszeitungen, häufig in der *Frankfurter Allgemeinen Zeitung*, als auch in literarischen Zeitschriften publiziert. Es ist die Literarizität, die Koeppens Essays weit über die übliche Praxis des journalistischen Feuilletons hinaus als ästhetische Texte zu erkennen geben: der artifizielle Umgang mit der Sprache und die Subjektivität seiner Assoziationsketten, die das ursprüngliche Thema in einen weiten Zusammenhang stellen können. So kann man die meisten längeren, nicht-fiktionalen Texte, die Koeppen nach 1945 veröffentlicht, Essays nennen.[193]

3.2.2 Wolfgang Koeppen als *halluzinatorischer Sonderbeobachter* und *Grenzgänger*

Wolfgang Koeppens Beobachterposition, sein Standort außerhalb der Gesellschaft, erlaubt ihm eine andere Sichtweise, eine besondere Wahrnehmung:

---

[193] Die autobiographischen Texte werden in Band 5 der Gesammelten Werke unter den Rubriken "Ungewisse Begegnungen" und "In eigener Sache", die Schriftstellerporträts in Band 6 unter "Porträts der Meister" und "Über Zeitgenossen und Weggefährten" zusammengefaßt. Koeppen hat aber auch feuilletonistische Arbeiten, Rezensionen, literaturkritische Marginalien vorgelegt, wovon einige unter der Überschrift "Miszellen" in Band 6 zu finden sind. Die Texte aus der Zeit seiner journalistischen Tätigkeit vor 1945 beim *Berliner Börsen-Courier*, die als Essays bezeichnet werden können, werden unter der Rubrik "Aus frühen Jahren" versammelt.

52

Der Sonder-Beobachter handelt im Unterschied zu den Standard-Beobachtern so, als ob er außerhalb der Situation gemeinsamer Wirklichkeits-Konstruktion stünde; der Sonder-Beobachter imaginiert eine kognitive und emotionale Ablösung von den herrschenden Wirklichkeitsmodellen.[194]

Diese Lebenshaltung Koeppens wirkt sich auch auf seine Literaturbetrachtungen aus: es sind Sonder-Beobachtungen. Auch damit steht er in der Tradition der Moderne, in der ein anderes Sehen ausschlaggebend für ein anderes Schreiben ist. Koeppen gelingt es in seinen Texten, traditionelle Bildlichkeit infrage zu stellen, indem er vordergründig Disparates in langen Sätzen mit parataktischen und asyndetischen Reihungen kombiniert und dadurch eine neue, ungewöhnliche Bildlichkeit entstehen läßt. Neologismen und ungewöhnliche Wortverbindungen unterstützen diesen Vorgang, der neue Zusammenhänge sichtbar werden und herkömmliche Wert- bzw. Machtstrukturen zerfallen läßt, Tabus werden gebrochen[195]. "Der 'Aufstand gegen ein Dogma' sowohl der Sehweisen und Wirklichkeitsinterpretationen als auch der Kunstmittel verlangt die sich verweigernde und zugleich innovative Bewegung des Denkens wie der Sprache (...)."[196]
Für Wolfgang Koeppens Schreibweise gilt, was die Lütticher Gruppe um Jacques Dubois aufgrund struktураler und semiotisch-linguistischer Sprachbetrachtung als neue Rhetorik entwickelt hat. Sie sieht in der literarischen Sprache einen Prozeß des Wechsels zwischen der Norm von bereits bestehenden, gefestigten Sprachgebrauch und der Abweichung von ihr, was gerade nicht heißt, daß Stil als Abweichung einer Norm gesehen wird[197], vielmehr wird der ästhetische Sprachgebrauch als Prozeß, als offenes Spiel beschrieben. Dabei ist "der Schriftsteller nicht jemand, der aus dem vorhandenen Figurenbestand schöpft, sondern jemand, der selbst Figuren schafft."[198] Das gibt dem Schriftsteller die Möglichkeit, alte Sprachfiguren aufzulösen und durch neue Modifikationen Sehweisen einzuführen, die Vertrautes und Bekanntes aufheben.
Todorow weist darauf hin, daß Koeppens "auf Verfremdung zielende Sprachkomposition" auf altgewohnte Wahrnehmungen abzielt: "Sie nimmt Anstoß und will ihrerseits anstößig sein; Verhältnisse sollen in ihrer, manchmal sorgsam verborgenen, Widersprüchlichkeit ans Licht gebracht werden."[199]

---

[194] Scheffer 1992, S. 38
[195] Vgl. Todorow 1986, S. 160
[196] Todorow 1986, S. 164
[197] Vgl. Dubois, Jacques [u.a.]: Allgemeine Rhetorik, hg. v. Armin Schütz, München 1974, S. 36
[198] Dubois 1974, S. 35
[199] Todorow 1986, S. 161

53

Diese innovative Schreibweise, in der Koeppen sich als scharfsichtiger Kritiker und "visionärer Beobachter" seiner Zeit zeigt, macht allerdings nur eine Ebene seiner Texte aus; darauf muß später noch eingegangen werden. Koeppen entwickelt nicht nur einen individuellen Sprachgebrauch, er greift auch in das System referentieller Mitteilungen ein und "ordnet sein Material in Konstellationen an, die es in spekulativem Licht erscheinen lassen."[200] Im Chamisso-Porträt - wie in vielen anderen - legt sich Koeppen nicht fest: "Er war in der Taufe Gott und dem allerchristlichen König geweiht worden, 1781, in der Dorfkirche oder der Schloßkapelle oder im reichen Salon der Herrschaft" (GW 6, 77). Neben solchen Ungenauigkeiten in biographischen Details gewähren Wünsche und Träume der Figuren Koeppen die Möglichkeit, Vermutungen anzustellen, die häufig in Utopien übergehen. Dieses "Was könnte sein, wenn" bietet Koeppen bei der Beschreibung der Lebensläufe der Schriftsteller immer wieder an. Dabei geht er mit historisch belegten Fakten nicht sehr genau um. Als Beispiel sei der Anfang der Lebensbeschreibung Else Lasker-Schülers genannt:

> Else Lasker-Schüler erkannte als Tochter eines Fabrikanten in Wuppertal, der vielleicht Webstühle besaß und seine Weber schlecht bezahlte, oder als Kind eines Rabbiners (...), daß der liebe Gott gestorben war, da weinte sie und schrieb ein schönes böses Theaterstück über ihre Stadt. (...) Sie heiratete einen Arzt, dessen Name Schüler ihr blieb (...) (GW 6, S. 269).

Else Lasker-Schüler war die Tochter eines Architekten, die Enkelin eines Rabbiners und heiratete den Arzt Dr. Lasker. Trotz dieses großzügigen Umgangs mit Fakten entsteht ein dichtes Bild der expressionistischen Dichterin. Helmut Heißenbüttel hat dieses Verfahren Koeppens folgendermaßen erklärt: wenn konkrete historische Gegebenheiten als Gegengewicht zu der inneren Verfassung des Subjekts von Koeppen genannt werden, so könne dies nur bedeuten, daß sie "das *Design* des Konkreten" haben müssen, "doch stockt das Interesse da, wo es um bloß stützende Details des Faktischen geht. Das Konkrete ist nicht dasselbe wie die nachprüfbare Korrektheit."[201] Diese Korrektheit wird beiläufig, wenn "das echte Gewicht des Konkreten" erreicht worden ist.

Scheffer nennt ein solches subjektabhängiges Verfahren "halluzinatorisch", es zeuge von einer "exponierten Individualität" und könne als essayistische Tätigkeit

---

200 Lüdke, W. Martin: Der verschwiegene Anarchist. In: Der Spiegel Nr. 50 vom 7. Dezember 1981, S. 211

201 Heißenbüttel, Helmut: Wolfgang Koeppen-Kommentar. In: Greiner, Ulrich (Hg.): Über Wolfgang Koeppen, Frankfurt/Main 1976, S. 157

54

bezeichnet werden.[202] Diese entspricht einer Geisteshaltung, die Robert Musil mit *Denken in Möglichkeiten* und die Forschung mit *essayistischem Denken* benannt haben. Die wesentlichen Merkmale eines "Essayismus als Lebensstil"[203], die Unentschlossenheit, sich auf eine Sichtweise festzulegen, und ein Offenhalten aller möglichen Zusammenhänge prägen Koeppens Texte schon von Beginn seines Schreibens an, sie entwickeln sich kontinuierlich weiter und finden ihren endgültigen Ausdruck in den essayistischen Porträts. In der Laudatio zum 100. Geburtstag Musils hebt Koeppen hervor: "'Der Mann ohne Eigenschaften' bietet statt Handlung Augenblicke der Unentschlossenheit. Ein Zeichen und ein Reiz der neuen Literatur überhaupt" (GW 6, 204-205). Und im Porträt Marcel Prousts bezeichnet Koeppen das Erzähler-Ich in Prousts Roman als der "Gefangene der Summe ihrer [Albertines] Möglichkeiten" (GW 6, 178).

Die Vieldeutigkeit, der Umgang mit dem Konkreten, die perspektivische Sichtweise und die Art der Bilder lassen Koeppens Essays als nicht-wissenschaftliche, literarische Texte erscheinen. Dieser Literarizität steht jedoch ein sehr hoher Informationswert, große Detailkenntnis und Erkenntnisfähigkeit gegenüber. Deshalb kann man in Wolfgang Koeppen einen halluzinatorischen Grenzgänger zwischen Kunst und Wissenschaft, aber auch zwischen verschiedenen Wirklichkeiten sehen, und seine Essays lassen sich als "halluzinatorischer Stil im Sinne von Sonderbeobachtung"[204] bestimmen.

Bezieht man Paul Watzlawicks These von der "sich selbsterfüllenden Prophezei-hung"[205] mit ein, die die Voraussetzungen für das Eintreten eines Ereignisses schafft, wäre Koeppens Hoffnung, daß seine Texte etwas bewirken könnten, nicht unberechtigt, denn "Halluzinatorik kann Veränderung der sozialen Wirklichkeit anstoßen, der größte Effekt, den Kunst und Literatur im Prozeß des gesellschaftlichen Wandels überhaupt erzielen könnte."[206]

---

[202] Scheffer 1992, S. 329
[203] Scheffer 1992, S. 295
[204] Scheffer 1992, S. 295
[205] Watzlawick, Paul: Selbsterfüllende Prophezeiungen. In: Watzlawick, Paul (Hg.): Die erfundene Wirklichkeit. Wie wissen wir, was wir zu wissen glauben? Beiträge zum Konstruktivismus, München und Zürich [7]1991, S. 91-110
[206] Scheffer 1992, S. 158

3.3 Wolfgang Koeppens essayistische Praxis

3.3.1 Sprachanalyse

In einem Essay über den *Nouveau Roman* charakterisiert Wolfgang Koeppen mit einem für ihn exemplarischen Satz seinen eigenen Stil, wenn er über einen Text von Claude Simon schreibt:

> (...) ein kühnes, dichtes, üppiges Wortgespinst, (...) oft interpunktionslose Prosa, seitenlange Sätze, den Zugang wehrend, wer spricht? was spricht? von wem, von was ist die Rede? was geschah? geschah überhaupt etwas? wann? damals? jetzt? wen berührte es? wer unterlag? wer litt? (...) Worte aus Worten geboren; doch überläßt man sich dem Strom, wird man reich belohnt (GW 6, 365-366).

Auch in Koeppens Prosa überwiegen lange Wortreihen mit ungewöhnlichen Wortbildungen, endlos assoziierende Wortketten, die durch einen stark adjektivischen Stil und eine parataktische Satzführung unterstützt werden, die Satzgrenzen meist nur durch Kommata getrennt. Ein "Kontinuum des Diskurses"[207] entsteht. Durch Parallelismen und Wiederholungen, besonders durch Anaphern und Alliterationen, die sich zu Stabreimen verdichten können, erfolgt eine Rhythmisierung der Sprache, die "den Eindruck eines hämmernden Staccato"[208] hinterläßt.

Die traditionelle Rhetorik mit ihrer Klassifikation der Wortfiguren kann sehr hilfreich sein, reicht aber nicht aus, das Sprachmaterial zu beschreiben. Es soll eine Stilistik herangezogen werden, die über eine bloße "impressionistische Paraphrase"[209] hinausgeht. Stilistische Merkmale sollen in "ihrer doppelten Rolle als Elemente sowohl des linguistischen Systems als auch des stilistischen Systems"[210] gesehen werden. Kriterien müssen gefunden werden, nach denen Sprache und Stil unterschieden werden können, so daß alle stilistisch nicht relevanten Elemente einer Wortfolge bei der Stilanalyse ausgeklammert werden können.

Michael Riffaterre hat auf der Grundlage eines strukturalen Modells stilistischer

---

207 Vom Hofe, Gerhard / Pfaff, Peter: Das Elend des Polyphem. Zum Thema der Subjektivität bei Thomas Bernhard, Peter Handke, Wolfgang Koeppen und Botho Strauß, Königstein/Taunus 1980, S. 97
208 Bungter, Georg: Über Wolfgang Koeppens "Tauben im Gras". In: Greiner, Ulrich (Hg.): Über Wolfgang Koeppen, Frankfurt/Main 1976, S. 195
209 Vgl. Riffaterre, Michael: Strukturale Stilistik, München 1973, S. 84-85
210 Riffaterre 1973, S. 29

Rezeptionsanalyse die Probleme konventioneller Literaturanalysen zu umgehen versucht. Diese erscheinen ihm ungeeignet, weil sie formale Analyse nur zur Erhärtung ihrer ästhetischen Wertungen nutzen. Intuitive Wahrnehmung reiche nicht aus, um relevante stilistische Aussagen zu machen. Je nach psychischer Konstitution ändern sich die Erfahrungswirklichkeit und demnach auch die Werturteile des einzelnen Lesers.

Für Riffaterre soll die Stilistik "eine Linguistik der Wirkungen der Nachricht sein, der Leistungsfähigkeit des Kommunikationsvorgangs und der auf unsere Aufmerksamkeit ausgeübten Funktion des Zwangs"[211].

Der Autor eines Textes wird als Verschlüsseler einer Nachricht gesehen, der in dem Kommunikationsmodell Kontrolle über den Entschlüsselungsprozeß des Lesers - des Empfängers - ausüben muß, damit dieser seine - des Senders - Absicht respektiert. Von diesen Überlegungen ist der Schritt zu Riffaterres Definition von Stil nicht weit:

> Es ist klarer und ökonomischer, den Stil als eine Hervorhebung zu bezeichnen, die der Aufmerksamkeit des Lesers bestimmte Elemente der Wortfolge aufnötigt, derart, daß dieser sie nicht unterschlagen kann, ohne den Text zu verstümmeln, und sie nicht entschlüsseln kann, ohne sie bedeutungsvoll und charakteristisch zu finden (dies rationalisiert er, indem er ihnen eine Kunstform, eine Persönlichkeit, eine Absicht usw. zuerkennt).[212]

Um Abschweifungen und freie Interpretationen von seiten des Lesers zu verhindern, muß der Autor die Elemente, die der Aufmerksamkeit nicht entgehen dürfen, so gestalten, daß sie unvorhersehbar werden. Jede Möglichkeit der Vorhersehbarkeit bewirkt beim Rezipienten ein oberflächliches Lesen.

Die Kontrolle der Entschlüsselung durch den Autor ist das Differenzierungs- merkmal zwischen expressiver und gewöhnlicher Schreibweise und damit der "spezifische Mechanismus des Individualstils"[213]. Jedem Element, das die Freiheit der Wahrnehmung des Lesers einschränkt, kommt in der Stilanalyse Bedeutung zu. Für Riffaterre heißt das, daß der Kern des Problems in der wechselseitigen Abhängigkeit zwischen dem stilistischen Verfahren und seiner Wahrnehmung durch den Leser liegt.[214]

Er geht davon aus, daß bei einer poetischen Kommunikation die Sprachfunktion der Nachricht von der poetischen Funktion überlagert ist und zur Geltung

---

[211] Riffaterre 1973, S. 125
[212] Riffaterre 1973, S. 31
[213] Riffaterre 1973, S. 35, im Originaltext kursiv
[214] Vgl. Riffaterre 1973, S. 40

57

gebracht werden muß, denn das Poetische zeigt sich nicht in der Nachricht, sondern im gesamten Kommunikationsvorgang, mit anderen Worten, der Rezeptionsverlauf ist wichtig:

> Der Begriff *Poetisierung* impliziert den Gedanken an die Entstehung, es handelt sich jedoch nicht um das Heranreifen eines Bildes im Geiste des Dichters. Es handelt sich um die Beziehungen, die sich bei jeder Lektüre des Textes zwischen den Wörtern bilden (auf der phonetischen, morphologischen, syntaktischen, semantischen Ebene usw.), während der Satz unter den Augen des Lesers abläuft, ihre Kombination verleiht bestimmten Wörtern eine außergewöhnliche Rolle.[215]

In einem Text bestehen zwischen den einzelnen Textelementen Relationen, die die grammatischen Beziehungen überlagern, und so kann man die Formulierung eines Textes als eine sukzessive Selektion von Elementen aus einer Reihe vertikaler Äquivalenzklassen (Paradigmen) sehen; dabei schränkt die Grammatik die Möglichkeit der Sukzession ein und bestimmt die Anordnung (Kontinuität). Die Elemente aus den Äquivalenzklassen werden durch die Aufnahme in den Text zu Gliedern der Textsequenz und können selbst wieder Äquivalenzklassen aufbauen, zwischen gleichartigen Textelementen bestehen demnach Äquivalenzrelationen. Wenn Riffaterre betont, daß die Ermittlung der Gesamtgliederung eines Gedichtes aus der Äquivalenzklassenverteilung ein statisches Verfahren sei und kein gesichertes Fundament besitze, wenn nicht die Relevanz jeder einzelnen Äquivalenzbeziehung geklärt sei, setzt er sich von der Analysetechnik Roman Jakobsons und Claude Lévi-Strauss ab, die ebenfalls mit dem Äquivalenzbegriff arbeiten.[216] Der Äquivalenzbegriff ist für Riffaterre das grundlegende Analyseinstrument: Spannung, Überraschung, Enttäuschung, Ironie und komischer Effekt sind die Kategorien für Äquivalenzklassen, deren Elemente den Leser beim Rezeptionsablauf innehalten, *stocken* lassen. Formal lassen sich diese *Stockstellen* durch den *Kontrast*, der sie von dem vorhergehenden Leseerlebnis trennt, und durch die Menge äquivalenter anderer herausragender Stellen kennzeichnen. "Kontrasterlebnis und Äquivalenzbindungen konstituieren die

---

[215] Riffaterre 1973, S. 323 Anm. 2
[216] Für den Unterschied der Textdeskription von Roman Jakobson und Claude Lévi-Strauss und der Rezeptionsanalyse von Michael Riffaterre, die beide auf dem Kontrast- und Äquivalenzbegriff aufbauen, vgl. Riffaterre 1973: "Die Beschreibung poetischer Strukturen: zwei Versuche zu Baudelaires Gedicht 'Les Chats'", S. 232-282; Jakobson, Roman/Lévi-Strauss, Claude: "Les Chats" von Charles Baudelaire, S. 184-201, und Posner, Roland: Strukturalismus in der Gedichtinterpretation, S. 202-242, beide in: Blumensath, Heinz (Hg.): Strukturalismus in der Literaturwissenschaft, Köln 1972 (Neue Wissenschaftliche Bibliothek; Literaturwissenschaften; 43)

58

Rezeptionsstruktur des sprachlichen Kunstwerks."[217] Kontrasterlebnisse haben zur Folge, daß sie den Erwartungshorizont des Lesers für den folgenden Text verändern, aber auch rückwärts wirken, da im Nachhinein die kontrastierenden Aspekte hervorgehoben werden.[218]

An diesem Punkt wird offensichtlich, daß Riffaterre keine abstrakten Elemente aus einem Text klassifiziert, sondern Lesereaktionen. "Er wertet nicht Strukturen, sondern strukturiert eine gegebene Menge von Wertungen."[219] Riffaterres Konstrukt des *Archilesers* dient hierbei als heuristisches Instrument, weil er die spezifischen Merkmale eines Textes erkennt, sobald er Irrtümern unterliegt, wird er durch den *Kontext* korrigiert.[220]

Für Riffaterre ist der Kontext insofern ein wichtiges Element seiner Thesen, da er die Rolle der sprachlichen Norm übernimmt. Die linguistische Norm ist als Instanz für stilistische Abweichungen unbrauchbar, da man mit ihr nicht erkennen kann, ob eine Abweichung durch ein gewolltes stilistisches Verfahren oder durch Inkompetenz des Sprechers zustande gekommen ist. "Der stilistische Kontext ist *ein linguistisches pattern, das von einem unvorhersehbaren Element durchbrochen wird*; der sich aus dieser Interferenz ergebende Kontrast ist der stilistische Stimulus."[221] Kontext wird als ein lineares Segment dargestellt, in dem die Kontraste eine Struktur schaffen, und dessen Grenzen "von der Erinnerung an das, was man gelesen hat, und von der Wahrnehmung dessen, was man gerade liest"[222], abgesteckt werden.

Jedes stilistische Verfahren kann ein neues Muster schaffen, das Ausgangspunkt eines Kontextes wird, der dann das erste Element einer neuen stilistischen Einheit ist, das heißt eine stilistische Einheit setzt sich zusammen aus dem Kontext und dem in ihm gebetteten stilistischen Verfahren. So beeinflussen sich die stilistischen Einheiten gegenseitig, durch eine Akkumulation mehrerer Verfahren an einem Punkt - Konvergenz genannt - entsteht eine besonders starke Hervorhebung.[223]

Stilistische Verfahren sind zeitbezogen, manchmal können sie durch das Entstehen eines neuen Referenzcodes von Lesern nicht mehr erkannt werden oder sie wirken veraltet, Archaismen entstehen.

[217] Posner 1972, S. 225
[218] Vgl. Posner 1972, S. 225-226
[219] Posner 1972, S. 226
[220] Zum Begriff des Archilesers vgl. Riffaterre 1973, S. 42-53
[221] Riffaterre 1973, S. 53
[222] Riffaterre 1973, S. 55
[223] Vgl. Riffaterre 1973, S. 56

59

Wolfgang Koeppens Gedichtbetrachtung *Welteinsamkeit* (GW 6, 433-434)[224] ,
die er für die Reihe *Frankfurter Anthologie* in der *Frankfurter Allgemeinen
Zeitung* geschrieben hat, eignet sich besonders dafür, Riffaterres stilistische
Analyse zu exemplifizieren. Als reizvoll erweist sich der Kontrast einer
strukturalen Stilanalyse, angewandt auf eine Gedichtinterpretation Koeppens, die
sich aus intuitiven Assoziationsketten aufbaut, sich impressionistisch dem
Gedicht nähert und keinerlei stilistische Beschreibungsmethoden einsetzt. Das
besprochene Gedicht kann keinem Autor zugesprochen werden, Koeppen muß
daher von seinem üblichen Schema, das er bei Literaturbetrachtungen anwendet,
nämlich erst einmal den Dichter in dessen Zeit vorzustellen, abkommen.
Trotzdem zeigen sich in dem kurzen Text *Welteinsamkeit* fast alle charak-
teristischen stilistischen Verfahren, die auch in anderen Texten zu finden sind.
Die äußere Struktur von Koeppens Betrachtung entspricht den drei Strophen des
Gedichtes. Jeweils die erste Zeile dient ihm, wörtlich zitiert, als Beginn eines
Absatzes. Sie bilden zusammen mit einem Anfang, an dem er den Ort nennt, wo
man das Gedicht nachlesen kann, und zwei kleinen Schlußabsätzen, wovon der
letzte nur aus Fragen besteht, die Grundstruktur des Textes. Es ist ein Text
entstanden, der, abgesehen von Anfang und Schluß, aus drei gleichartig
aufgebauten Sinnabschnitten besteht. Die Zitate zu Beginn der Absätze bilden
den Ausgangspunkt zu einer Aneinanderreihung parataktisch gebauter, kurzer
Sätze, die einen gleichmäßig schnellen Rhythmus halten, der durch Häufung von
Substantiven ohne attributiv gebrauchte Adjektive (Epitheta) beschleunigt wird
("Die Natur ist gewaltig, die Welt ist leer. Wir sind im Herbst des Mittelalters.").
Temposteigernd wirkt der Gebrauch von Ellipsen - "das Konzil zu Basel hat die
Reformation nicht gewagt, aber strenge Verfügungen gegen das Konkubinat der
Kleriker" - und von asyndetischen Aufzählungen - "Beschränkung nützt nichts.
Die kleine Existenz in Einsamkeit, Bescheidenheit ist für die Wölfe offen". Diese
Bewegung wird durch den retardierend wirkenden Neuansatz des folgenden
Zitats unterbrochen. Die Gedichtzeilen, jeweils syntaktisch vollständige Sätze,
die mit Anführungszeichen als Zitat gekennzeichnet werden, stehen im Kontrast
zum vorherigen und zum folgenden Textverlauf - dem Kontext -, einmal durch die
besondere Hervorhebung der Anführung und durch ihren vollständigen Satzbau,
zum anderen durch das Wissen des Lesers, daß es sich um einen Fremdtext
handelt, der aus dem Gedicht stammt und nicht von Koeppen selbst. Es handelt
sich um ein stilistisches Verfahren, das den gesamten Text strukturiert. Die gleich

---

[224] Das Gedicht *Verschneiter Weg* und Koeppens Betrachtung *Welteinsamkeit* siehe Anhang

60

aufgebauten Absatzanfänge bilden selbst wiederum den Kontext für die abweichenden Anfangs- und Schlußabsätze. Nach den zwei Einleitungssätzen, die den aktuellen Bezug der Gedichtinterpretation zu der Neuerscheinung *Deutsches Lesebuch* von Stephan Hermlin herstellen und damit gleichzeitig den Ort nennen, von dem Koeppens Reflexionen ausgehen, beinhaltet jeder Abschnitt Gedanken, die in einer Ansammlung von kulturellen Anspielungen, geschichtlichen Fakten und Bildern, in einem unendlichen Strom von Assoziationen münden, der durch das nächste Zitat fast gewaltsam unterbrochen wird. Dieser Folge von gleichstrukturierten Absätzen folgt eine durch Punkte getrennte Aufzählung einzelner Substantive mit dazugehörigem Genitivobjekt ("Beginn der Renaissance. Zerfall des alten Glaubens. Vorabend der Reformation."), die mit einer Frage abgeschlossen wird. Der syntaktische Kontrast zwischen diesem und den vorangegangenen Absätzen korreliert mit dem inhaltlichen Kontrast dieser - buchstäblichen - Schlagworte zu den fließenden Assoziationen der vorhergehenden Sätze ("Der Mann ist so elend, daß er gar nichts hat, er steht nackt im Schnee, gestoßen in eine unheimliche, nun endlose Welt, unbegreiflich selbst sein zerfallenes Haus, der verschneite Weg (...), die Sehnsucht nach den warmen Armen der Geliebten, die schon verloren ist oder nie zu haben war") und wirkt wieder wie ein abruptes Innehalten, ein Festhalten von abschließenden Standpunkten. Doch die Frage am Schluß des Absatzes leitet bereits über zu weiteren Fragen, aus denen der abschließende Absatz besteht. Der Gesamttext erhält dadurch die Form eines Rondos, immer wieder neu einsetzend und beliebig fortsetzbar, wobei diese Tendenz zur unendlichen Reihung durch einen Zeitenwechsel teilweise wieder aufgehoben wird.
Während das Präsens den Sprachduktus des Textes bestimmt, werden die Schluß-fragen im Imperfekt gestellt. Der Kontrast zwischen dem Präsens der Frage des vorletzten Absatzes und dem Imperfekt der folgenden Fragen, als stilistisches Verfahren eingesetzt, erzeugt eine Spannung zwischen dem Text und seinem Schluß. Roland Barthes bezeichnet die Erzählvergangenheit, im Deutschen mit dem Imperfekt ausgedrückt, als ein ideales Instrument, *geschlossene* Welten zu konstruieren. "Es setzt eine konstruierte, durchgearbeitete, losgelöste, auf bedeutungsvolle Linien reduzierte Welt voraus, nicht aber eine geworfene, ausgebreitete, dargebotene Welt."[225] Die stilistische Struktur dieser temporalen *Stockstelle* bildet ein ambivalentes Verhalten des Autors ab, der einmal um die Gefahr weiß, sich in immer neuen Fragen, in immer neue

[225] Barthes 1982, S. 38

Verweisungszusammenhänge zu verlieren, und sich deshalb einen geschichtlichen Standpunkt zu sichern sucht.

Das stilistische Verfahren des gebrochenen Assoziationsstroms, das in der Grundstruktur des Textes angewandt wird, findet seine Fortsetzung nicht nur in den Abschnitten, sondern zeigt sich auch in den einzelnen Sätzen, die meist aus einer Aneinanderreihung metonymischer Substantive bestehen. Jede einzelne Zeile aus dem Gedicht wird, wenn auch nicht immer wörtlich, aufgegriffen, wobei die letzte Gedichtzeile eine Ausnahme macht, indem sie nicht einmal andeutungsweise erwähnt wird.

Den Äquivalenzen im Satzbau stehen inhaltliche gegenüber. Metonymien beherrschen die Wortwahl, Antinomien - "Beginn der Renaissance. Zerfall des alten Glaubens" - bewirken durch ihre gleiche Struktur bei gegensätzlichem Inhalt Parallelismus im Text; Phraseologien - "Herbst des Mittelalters" (Huizinga) - als idiomatische Redewendungen scheinen in diesem syntaktischen Zusammenhang zu Klischees zu erstarren. Klischees werden häufig als Zeichen von Stilschwäche und mangelnder Originalität des Denkens interpretiert. Riffaterre sieht in ihnen zuerst vollkommen wertfrei "eine Gruppe von Wörtern, die Urteile hervor-rufen"[226], die demnach Signale setzen und Aufmerksamkeit wecken. Sie sind insofern nicht der semantischen, sondern der syntaktischen Ebene zuzurechnen, da der Ersatz eines Teiles durch ein Synonym das Klischee zerstöre. Zu einem stilistischen Moment würden die Klischees dadurch, daß mit ihnen Aufmerk-samkeit auf die Form der literarischen Nachricht gelenkt werde. Durch seine Vorgeformtheit und Stereotypie kontrastiere das Klischee zu dem Mikrokontext, also der unmittelbaren Umgebung im Text, und dem Makrokontext, da es als übernommene Rede keine lexikalische Veränderung zulasse und somit nicht in das Vokabular des neuen Textes passe. Wolfgang Koeppen spielt geradezu mit Klischees. Indem er bewußt den Kontrast zwischen Klischee und Kontext ausnützt, entstehen vollständig neue Sinnzusammenhänge, die wiederum dem widersprechen, was das Klischee eigentlich ausdrückt. So wird der gesicherte Standpunkt, der in einem Klischee zum Ausdruck kommt, wieder aufgelöst.

Die Gesamtheit dieser stilistischen Einheiten in der Gedichtbetrachtung weisen auf einen Sinnzusammenhang, der nicht vordergründig ist, auf eine im Stil verschlüsselte Mythologie. Die Aufzählung von geschichtlichen Fakten bedeutet durch eine aneinandergereihte Beliebigkeit ein anderes Geschichtsbild, als sie vordergründig vorgibt, es geht hier nicht um den Mythos einer Geschichte, die

---

[226] Riffaterre 1973, S. 139

sich kontinuierlich von einer zur nächsten Stufe entwickelt, sondern um einen Mythos vom ewig Gleichen. Damit bekommt auch die Tatsache Signifikanz, daß Koeppen die letzte Strophe des Gedichtes - "So fährt der Winter hin" - völlig außer acht läßt; denn sie paßt mit ihrer Aussage von einem kommenden Ende des Winters, von Zukunft und Veränderung, nicht in den Deutungszusammenhang, den Koeppen dem Gedicht gegeben hat.

Koeppens Betrachtung des Gedichtes stellt keine literaturwissenschaftliche Text-analyse dar. Stilistische Einheiten überziehen die eigentliche Nachricht, die Informationen über das Gedicht, mit Kontrast- und Äquivalenzbeziehungen bis zur kleinsten Einheit, dem Wort. Man kann zwei gegensätzliche Paradigmen benennen, die eine Äquivalenz herstellen: einerseits *Offenheit, Bewegung,* "endlose Spuren", zum anderen *Geschlossenheit, Standpunkt, Geschichtlichkeit.* Dazwischen bewegen sich die Bedeutungen, die der Leser Koeppens Worten geben kann, die wegführen von einer Gedichtinterpretation und auf eine Literarizität hinweisen, die den Text zu einem literarischen Essay machen. Die hier beobachtbare metonymische Offenheit des Textes mit seiner Verschiebung des Wortsinns zielt darauf ab, "mehr zu sagen als gesagt, und hervortreten zu lassen, was unbeachtet ist oder so in der subjektiven Imagination vermittelt, daß es, die Erfahrbarkeit der Realität erweiternd, sich der pragmatischen Mitteilung entzieht"[227]. Der Gebrauch der Metomynie ist ein stilistisches Grundprinzip aller Texte von Koeppen und wird deshalb im folgenden Kapitel ausführlich behandelt. Riffaterres strukturale Stilistik bleibt der Ebene der Schreibweise, der *écriture,* verhaftet. Roland Barthes hat gezeigt, daß es darüber hinaus noch eine von der Intention des Autors unabhängige Ebene des Textes selbst gibt, die mit der Begrifflichkeit z. B. eines Riffaterre nicht beschrieben werden kann. Im Verlauf der poststrukturalistischen Theoriebildung nimmt der Autor an Bedeutung ab und verschwindet ganz im Text. Julia Kristeva hat auf der Grundlage der Ansätze von Michail Bachtin, der den russischen Formalisten zugerechnet wird, ein Text-modell entwickelt, das die Ideen von Hegel, Marx, aber auch von Freud und Lacan sowie das strukturalistische Modell der Transformationsgrammatik von Noam Chomsky in einen Denkzusammenhang bringt und Text als "polyvalentes semiotisches Dispositiv" sieht.[228] Schon 1929 hat Bachtin in seiner Abhandlung über Dostojewski[229] ein neues Verständnis für dichterische Texte entwickelt. Er

---

[227] Todorow 1986, S. 161
[228] Vgl. Hardt, Manfred: Julia Kristeva. In: Lange, Wolf-Dieter (Hg.): Französische Literaturkritik der Gegenwart in Einzeldarstellungen, Stuttgart 1975, S. 309
[229] Bachtin, Michail: Probleme der Poetik Dostoevskijs, München 1971

63

geht von einer dynamischen, prozeßhaften Textkonzeption aus, in der er den "dialogischen, ambi- bzw. polyvalenten, pluralistischen Aspekt" betont und auf ein selbstbewußtes Subjekt, das sich im literarischen Diskurs darstellen kann, verzichtet.[230] "An die Stelle des Ichs treten in vielfältige Facetten zersplitterte, pulverisierte Ichinstanzen"[231], die eine vielschichtige, polyphone Intersubjektivität im Text aufbauen. Diese wiederum hat textextern ihre Entsprechung in einer *Intertextualität*, weil jeder Text aus einer Vielzahl von früher entstandenen Texten zusammengesetzt ist und er deshalb mit seinem sozio-kulturellen Kontext im Dialog steht. Jacques Derrida weitet den Begriff der Intertextualität aus und hält eine Konstituierung von Text nur in einer Relation zu anderen Texten für möglich, als eine unendliche Folge von Zitaten. Er sieht in der Intertextualität ein "jeden Autor notwendig transzendierendes, universales Phänomen"[232].

Die Konsequenz, die aus diesen Theorien folgt, liegt in der Suche nach neuen Methoden der Textanalyse, die Gedanken besonders aus dem Bereich der Semiotik aufgreift. Da dies jedoch im Rahmen der vorliegenden Studie nicht geleistet werden kann, beschränkt sich die Textanalyse auf die literarische Schreibweise des Autors, verbleibt im strukturalistischen Ansatz, behält jedoch stets die Bruchstellen im Blick, an denen eine poststrukturalistische Textbetrachtung greifen könnte.

3.3.2 Die Tendenz des Textes von der Metapher zur Metonymie

Mit der Unterscheidung in metaphorische und in metonymische Diskurse in der Literatur ist für die Textanalyse ein wichtiges Kriterium gewonnen. Bereits 1921 hat Roman Jakobson in einem Aufsatz *Über den Realismus in der Kunst*[233] erste Ansätze benannt, um dann 1935 in den *Randbemerkungen zur Prosa des Dichters Pasternak*[234] mit der Gegenüberstellung von metaphorischen und metonymischen Sprachoperationen die Verschiedenartigkeit Pasternaks und

---

[230] Vgl. Hardt 1975, S. 310
[231] Hardt 1975, S. 310
[232] Vgl. Thomas 1975, S. 244-245
[233] Vgl. Jakobson, Roman: Über den Realismus in der Kunst [zuerst 1921]. In: Poetik. Ausgewählte Aufsätze 1921-1971, hg. v. Elmar Holenstein und Tarcisius Schelbert, Frankfurt/Main 1979, S. 129-139
[234] Vgl. Jakobson, Roman: Randbemerkungen zur Prosa des Dichters Pasternak [zuerst 1935]. In: Poetik. Ausgewählte Aufsätze 1921-1971, hg. v. Elmar Holenstein und Tarcisius Schelbert, Frankfurt/Main 1979, S. 192-211

Majakovskijs herauszuarbeiten. Seit dem programmatischen Aufsatz *Zwei Seiten der Sprache und zwei Typen aphatischer Störungen*[235] von 1956 erhält diese Leitidee Jakobsons eine Schlüsselrolle in seiner Linguistik. Er geht davon aus, daß sich eine Rede in zwei semantische Richtungen entwickeln kann - mit Rede bezeichnet er das Sprechen, die Sprachanwendung innerhalb der *parole*[236] -, wobei der Gegenstand der Rede "sowohl durch die Similaritätsoperation als auch durch die Kontiguitätsoperation in einen anderen Gegenstand überführt werden"[237] kann. Den ersten Weg bezeichnet er als den *metaphorischen*, und den zweiten als den *metonymischen*. Diese beiden Prozesse seien bei der alltäglichen Rede ständig in Aktion, "aber eine aufmerksame Beobachtung wird zeigen, daß unter dem Einfluß von Kultur, Persönlichkeit und Stil einem dieser beiden Prozesse ein gewisser Vorzug gegeben wird."[238] Roman Jakobson bezieht sich hier auf Ferdinand de Saussure, der erkannt hat, daß es zwei Ebenen von Beziehungen zwischen den sprachlichen Zeichen gibt: "Sie entsprechen zwei Arten unserer geistigen Tätigkeit, die beide für das Leben der Sprache unentbehrlich sind."[239] Eine horizontale Ebene wird durch die syntagmatischen, eine vertikale Ebene durch die assoziativen Beziehungen aufgebaut.

> Einerseits gehen die Worte infolge ihrer Verkettung beim Ablauf irgendwelcher Aussagen Beziehungen unter sich ein, die auf dem linearen Charakter der Sprache beruhen (...). Sie reihen sich eins nach dem andern in der Kette des Sprechens an, und diese Kombination, deren Grundlage die Ausdehnung ist, können Anreihungen oder Syntagmen genannt werden. (...) Andererseits aber assoziieren sich außerhalb des gesprochenen Satzes die Wörter, die irgend etwas unter sich gemein haben, im Gedächtnis, und so bilden sich Gruppen, innerhalb deren sehr verschiedene Beziehungen herrschen.[240]

Heute hat sich anstelle des Begriffs Assoziation eher das von Louis Hjelmslev eingeführte Wort Paradigma[241] durchgesetzt. Roland Barthes spricht von systematischer Ebene, denn "die assoziative Ebene ist natürlich sehr eng mit der 'Sprache' als System [langue] verbunden"[242]. Paradigmatische Beziehungen

---

[235] Vgl. Jakobson, Roman: Zwei Seiten der Sprache und zwei Typen aphatischer Störungen [zuerst 1956] In: Aufsätze zur Linguistik und Poetik, hg. v. Wolfgang Raible, München 1974, S. 117-141
[236] Zur Unterscheidung von *langue* und *parole* vgl. Saussure 1967
[237] Jakobson 1974, S. 133-134
[238] Jakobson 1974, S. 134
[239] Saussure 1967, S. 147
[240] Saussure 1967, S. 147
[241] Hjelmslev, Louis: Die Sprache. Eine Einführung, Darmstadt 1968, S. 41-43
[242] Barthes, Roland: Elemente der Semiologie [zuerst 1964], Frankfurt/Main 1983, S. 50

65

bestehen nach Saussure "in absentia", da sie sich zwischen den Zeichen des aktuell realisierten Satzes und den Gliedern einer möglichen Gedächtnisreihe, die zwar mitgedacht, aber nicht ausgesprochen wird, entwickeln. Dagegen bleiben syntagmatische Beziehungen "in praesentia", weil sie in der Kette des linear verwirklichten Satzes tatsächlich miteinander verbunden sind und nur durch ihre Stellung ihren Wert erhalten.[243] Die strukturelle Tätigkeit in bezug auf das Syntagma besteht in der Zerlegung, während die Klassifizierung bei der Assoziation vorgenommen wird.[244]

Auch Roman Jakobson sieht einerseits in der paradigmatischen Operation mit ihren zwei Erscheinungsformen Selektion und Substitution sowie andererseits in der syntagmatischen Operation mit den Erscheinungsformen Kombination und Kontextbildung die zwei grundlegenden Systeme zum Sprachbau überhaupt.[245] Die Selektion setzt voraus, daß die Glieder, die aus dem Paradigma ausgewählt werden, äquivalent sind, d.h. Similaritätsbeziehungen bzw. eine Äquivalenz eingehen, sich jedoch mindestens in einem Merkmal unterscheiden müssen, d.h. in einer Oppositionsbeziehung stehen. Dadurch ergibt sich dann auch die Austauschbarkeit, die Möglichkeit der Substitution, da der einmal ausgewählte Term im realisierten Diskurs durch einen anderen der virtuellen Gedächtnisreihe ersetzt werden kann. Bei dem Substitutionsverhältnis stehen "die Zeichen durch verschiedene Grade der Gleichartigkeit, die sich zwischen der Gleichwertigkeit der Synonyme und dem gemeinsamen Wesenskern der Antonyme bewegen, miteinander in Beziehung"[246] . Jeder so aus der vertikalen Ebene, dem Paradigma, ausgewählte Term wird Bestandteil der horizontalen Ebene, des Syntagmas, denn er wird nach den syntaktischen Regeln der Sprache mit anderen linear kombiniert, was heißt, daß sie in einem Kontiguitäts- bzw. Nachbarschaftsverhältnis stehen.

> Jedes Zeichen ist aus konstituierenden Zeichen zusammengesetzt bzw. kommt nur in Kombination mit anderen Zeichen vor. Das heißt, daß jede sprachliche Einheit zugleich als Kontext für einfachere Einheiten dient bzw. ihren eigenen Kontext in einer komplizierteren sprachlichen Einheit findet.[247]

Dieser Aspekt der Kontextbildung wurde von Saussure nicht gesehen, er arbeitete nur die zeitliche Folge des Aneinanderkettens der Zeichen heraus:

---

[243] Vgl. Saussure 1967, S. 147-148
[244] Vgl. Barthes 1983, S. 49
[245] Vgl. Jakobson 1974, S. 121
[246] Jakobson 1974, S. 122
[247] Jakobson 1974, S. 121

Trotz seiner Einsicht in das Wesen des Phonems als eines Gefüges von zusammenwirkenden distinktiven Merkmalen (...) unterlag er der traditionellen Ansicht von dem 'linearen Charakter der Sprache, welcher die Möglichkeit ausschließt, zwei Elemente zugleich auszusprechen'.[248]

Wie im vorherigen Kapitel gezeigt, hat später Michael Riffaterre gerade diesen Gedanken der Kontextbildung in der strukturellen Textanalyse zu einem herausragenden Analyseinstrument entwickelt. Jakobson hebt die besondere Bedeutung der Wechselbeziehung zwischen Similarität und Kontiguität für die Dichtung hervor:

Da eine dieser beiden Relationen (...) auf jeder sprachlichen Ebene - der morphematischen, der lexikalischen, der syntaktischen und der phraseologischen - auftreten kann, und jede in positioneller oder in semantischer Hinsicht, bietet sich ein weiterer Variationsbereich für mögliche korrespondierende Konfigurationen. Einer der beiden Pole wird dabei überwiegen.[249]

Er weist aber gleichzeitig darauf hin, daß diese Operationen keineswegs nur in der Wortkunst, sondern auch in nicht-sprachlichen Zeichensystemen zum Tragen kommen.[250] Hier wird die Brücke zur Semiologie geschlagen, und Roland Barthes kann feststellen: "Die beiden Ebenen der gegliederten Sprache [langage articulé] müssen sich in der Tat auch in den anderen Bedeutungssystemen wiederfinden."[251] In einem weiteren Schritt setzt Jakobson die linguistischen Kategorien Paradigma (Selektion) und Syntagma (Kombination) mit den rhetorischen Figuren Metapher und Metonymie gleich. Wenn die Metonymie definiert wird als Substitution eines Wortes durch ein anderes aufgrund ihrer Kontiguitätsbeziehung und de Saussure das Syntagma als "in praesentia" beschreibt, liegt hier eine Quelle des Mißverständnisses; denn bei der metonymischen Operation wird ein nicht vorhandener Term, der auch in der Metonymie nicht genannt wird, durch einen anderen ersetzt. "Es ist also nicht die Metonymie identisch mit dem Syntagma, sondern die Verbindung zwischen dem eigentlichen und dem ersetzenden Term ist eine syntagmatische."[252] Und nicht durch ihre Ähnlichkeit können sie füreinander stehen, sondern dadurch, daß sie in der aktuellen Erfahrungswirklichkeit eine

---

248 Jakobson 1974, S. 121
249 Jakobson 1974, S. 135
250 Vgl. Jakobson 1974, S. 135
251 Barthes 1983, S. 51
252 Gallas, Helga: Das Textbegehren des 'Michael Kohlhaas'. Die Sprache des Unbewußten und der Sinn der Literatur, Reinbek bei Hamburg 1981, S. 45

kontiguente Beziehung haben, die bei der Aktualisierung des Diskurses in der Vorstellung vorhanden ist. Auch bei der Gleichsetzung von Paradigma und Metapher gibt es ähnliche Probleme. Die charakteristische Operation beim Paradigma ist die Substitution. Die Unterscheidung zur Metonymie, bei der auch ein Term durch einen anderen ersetzt wird, wird dadurch erreicht, daß sich auch hier "die linguistische Beschreibung auf die Art der Gedankenverbindung, die zwischen dem eigentlichen und dem eingesetzten Term besteht", bezieht.[253] Diesen Problemen Rechnung tragend, spricht Jakobson von metaphorischen und metonymischen Diskursen. "Denn der Gegenstand der Rede kann sowohl durch die Similaritätsoperation als auch durch die Kontiguitätsoperation in einen anderen Gegenstand überführt werden."[254]

In Wolfgang Koeppens essayistischen Texten läßt sich im Laufe der Zeit ein zunehmender Gebrauch von metonymischen Sprachoperationen gegenüber metaphorischen feststellen. An zwei Textstellen - sie beinhalten beide eine Beschreibung des Parks von Veitshöchheim - kann man diese Entwicklung nachvollziehen. Der eine Text erschien 1933 mit dem Titel *Der Park von Veitshöchheim* (GW 5, 64-65) im *Berliner Börsen-Courier*, der andere ist ein Ausschnitt eines Artikels von 1979 in der *Frankfurter Allgemeinen Zeitung* mit der Überschrift *Als ich in Würzburg am Theater war* (GW 5, 332-343).

An zwei Beispielen kann der Wandel im Sprachgebrauch besonders deutlich belegt werden.

Das Rokoko hat einen Reigen von Gestalten antiker Herkunft, zeitgemäß verkleidet mit einem neckisch hübschen Jägerhütchen, mit Rüschen und Bändern um den Arm, im Park aufgestellt. Aphrodite als Putte und engagiert für den Hintergrund eines schattigen Naturtheaters (GW 5, 64).

Diese Sätze korrespondieren mit folgenden aus dem jüngeren Text:

Die Todesfurcht wurde zum Spiel in diesem Park. Vielleicht konnte man entlaufen (...). Glaube, Magie und Komödie. Gott als Verkleidungskünstler. Putten mit

---

[253] Gallas 1981, S. 46

[254] Gallas 1981, S. 46. Elmar Holenstein hat den Versuch unternommen, die Zweiachsentheorie Jakobsons auf vier "sprachinterne Grundhandlungen" auszuweiten, nicht im Widerspruch zu Jakobson, sondern im Sinne einer Weiterentwicklung seiner Theorie. Die Übertragung des Systems in die Psychoanalyse durch Jacques Lacan sieht er als Fehlinterpretation Freuds an. Vgl. Elmar Holenstein: Die zwei Achsen der Sprache und ihre Grundlagen. In: Linguistik. Semiotik. Hermeneutik. Plädoyers für eine strukturale Phänomenologie, Frankfurt/Main 1976, S. 79-81

Priesterhüten, Wanderhüten, Schäferhüten. Eine Diana mit abgeschlagenem Kopf.
Ihrem Hund fehlt die halbe Schnauze (GW 5, 341).

Die mehr metaphorische Ausdrucksweise - "einen Reigen von Gestalten",
"Aphrodite (...) engagiert für den Hintergrund" - wird abgelöst durch eine
metonymische Wortkette - "mit Priesterhüten, Wanderhüten, Schäferhüten" -, die
der Autor hätte endlos fortsetzen können, denn immer neue Assoziationen zu dem
Substantiv Hut können entstehen. Doch der darauffolgende Satz bietet Einhalt:
"Eine Diane mit abgeschlagenem Kopf", demnach eine Diane, die keine Möglich-
keit mehr hat, einen Hut aufzuziehen. Sie unterbricht die Reihe, um gleich wieder
Ausgangspunkt für eine neue metonymische Kette zu werden. Der Blick wandert
vom abgeschlagenen Kopf weiter zu einer abgeschlagenen Hundeschnauze.
Dieser Kette der Wahrnehmung von Zerstörung folgt der Satz: "Ein zartes
springendes Böcklein hebt sich zu einem Knaben" (GW 5, 341). Ein Bild der
Lebendigkeit setzt den laufenden Assoziationen zum Tod ein abruptes Ende.
An anderer Stelle beschreibt der junge Wolfgang Koeppen den Pegasusbrunnen
des Parks mit den Worten: "Und dann ist der dem Pegasus geweihte Teich zu
betrachten. Das Pferd der Dichter bäumt sich unter Wasserspielen, die nicht
Versailles, aber um so lustiger sind" (GW 5, 64). Sechsunddreißig Jahre später
wird der Brunnen völlig neu beschrieben:

> In der Mitte des Parks der Pegasusbrunnen (...). Der Dichter erhebt sich zu Pferd über
> die Kunstlandschaft. Er erhöhte sie. Er zaubert ihr Gedanken, die sie gar nicht hat. An
> den Teichzugängen Fische, von Steinmetzen geschaffen und übereinandergelegt.
> Breite Fische mit großen Schuppen. Karpfen, Brassen, vielleicht der Butt der Brüder
> Grimm oder schon des Günter Grass (GW 5, 342).

Diese Stelle erlaubt Koeppen in einer metonymischen Reihung freie
Assoziationen von steinernen Kunstfischen zu kulinarischen Fischen, um bei dem
ästhetischen Fisch von Günter Grass, dem Butt, der auch seinen Ort in der Küche
hat, anzukommen. Die Wirklichkeit wird literarisiert und in einen Verweisungs-
zusammenhang gebracht, der sich immer weiter fortsetzen ließe. "Der Bewußt-
seinsstrom ist nicht wesentlich Repräsentation von etwas, sondern er formuliert
unendliche Verweisungen von Sinn. Seine Struktur ist metonymisch, nicht
metaphorisch."[255]
Die Tendenz der Metapher zur Metonymie (die mit einem Wort ein anderes, das
im gleichen Sinnzusammenhang steht, ersetzt), zur Metonymie (in dem ein Wort
mit einem anderen verkettet wird, das nicht äquivalent sein muß) läßt sich in

---

[255] Treichel 1984, S. 124

Koeppens Texten sowohl in kleinen Spracheinheiten als auch in ganzen Passagen feststellen.

"Die Metonymie ist (...) der Effekt, der möglich wird dadurch, daß es keine Bedeutung gibt, die nicht auf eine andere Bedeutung verwiese."[256] Die Metonymie ist demnach das Stukturprinzip für die Technik des Bewußtseinsstroms, mit dem Koeppen verstärkt arbeitet. Die Tendenz seiner Texte "geht zu einem Prinzip der bloßen Verkettung, zur reinen Assoziation, die in sich das Prinzip der nicht abzuschließenden sprachlichen Bewegung enthält".[257] Diesem endlos fortsetzbaren, metonymischen Sprachfluß setzt Koeppen durch einen syntaktisch vollständigen, abgeschlossenen Satz ein oft abruptes Ende. In der gebrochenen assoziativen Schreibweise zeigt sich Koeppen als Schreibender, der beginnt, über sich zu sprechen, darüber erschrickt und sich Einhalt gebietet, indem er in den äußeren Rahmen von Fakten flüchtet. Gleichzeitig bleibt der Text durch die Aneinanderreihung solcher Passagen offen - man könnte auch hier beliebig viele anhängen - und wird wie die einzelnen Assoziationsflüsse beliebig fortführbar, er bleibt ein „Fragment ohne Ende", wie der Titel von Treichels Arbeit lautet. Der Autor läuft bei dieser Schreibweise Gefahr, sich im Sog, "der in den unendlichen Fluß der sprachlichen Verweisungsprozesse selbst mündet"[258], zu verlieren. Die Folge einer konsequenten Fortsetzung der metonymischen Schreibpraxis wäre ein Gemurmel, dessen einziger Sinn der Nachweis dessen wäre, daß "die Suche und der Wunsch nach sprachlicher Objektivierung nicht terminierbar und erfüllbar"[259] sind. Dabei würde der literarische Standpunkt Koeppens als außenstehender Beobachter ins Wanken geraten, denn der Verlust der Verfügungsgewalt über die Sprache bewirkt eine Verunsicherung des literarischen Subjekts, und umgekehrt unterwirft die Sprache das Subjekt ihrer Eigengesetzlichkeit. Hier zeigt sich ein Bruch zwischen Koeppens Selbstverständnis als Schriftsteller und seiner Sprache, die Grund und zugleich Ort seiner Identitätsdiffusion ist. Seine Sprache, die an den Stellen der endlos möglichen Verweisungen die Sprache des Unbewußten, eine subjektlose Sprache, abbildet, spielt auf diese Gefährdung für Koeppens Schreiben an.[260] Das

---

[256] Lacan, Jacques: Die Ausrichtung der Kur und die Prinzipien ihrer Macht. (Vortrag beim Kolloquium von Royaumont 10.-13. Juli 1958.) V. Man muß das Begehren buchstäblich nehmen. In: Schriften 1, ausgewählt und hg. v. Norbert Haas, Frankfurt/Main 1975, S. 213
[257] Scherpe 1984, S. 21
[258] Treichel 1984, S. 13
[259] Scherpe 1984, S. 21
[260] Vgl. Scherpe 1984, S. 21

70

Unbewußte kann sich in Texten nur dort ausdrücken, wo dem Subjekt die Verfügungsgewalt über seine Schreibweise verloren gegangen ist.

3.3.3 *Style* und *Ecriture*

Roland Barthes gilt als einer der innovativsten Vertreter der neueren französischen Literaturkritik. Barthes' Ansätze sind nur bedingt für die Literaturwissenschaft anwendbar, da er seine Ansätze nicht zu einer geschlossenen Methode ausformuliert hat; vielmehr betrachtet er in seinen literaturkritischen Texten nicht in erster Linie das Objekt, über das er schreibt, sondern ihn interessiert der Schreibprozeß selbst, der nie durch eine Methode abgesichert ist und immer Wagnis und Spur bleibt.

Für Barthes ist beste Literaturkritik nicht das eindeutige Schreiben, "sondern eine Kunst, worin der polyvalente Ausdruck seine Mehrdeutigkeit bewahrt: Der Bedeutungsreichtum des Textes erschließt sich einem meditativen, dialektischen Lesen, ohne auf eine Formel gebracht werden zu können. Im Bewußtwerden der 'Intertextualität' kommuniziert der lebendige Geist."[261] Man kann in seinem Werk keine konsequente Weiterentwicklung bestimmter Theorien verfolgen und doch geben seine Texte "methodische Werkzeuge" an die Hand, die eine ihm eigene Betrachtungsweise sichtbar machen und die seine Schreibweise bestimmen.[262]

Roland Barthes hat im Herbst 1971 in der Zeitschrift *Tel Quel* in einem Interview festgestellt, daß er sich nicht als Kritiker sehe, sondern als "einen Romancier, einen Schreiber wohl nicht von Romanen, aber doch von 'Romanhaftem'"[263] . So verkörpert sein 1973 vorgelegtes Werk *Die Lust am Text*[264] ein zweckfreies Schreiben, das sich von der eingefahrenen Begrifflichkeit semiologischer Sprachspiele gelöst hat und dem Leser ein sinnliches Vergnügen am Text bietet, dabei aber gleichzeitig diesen Vorgang selbst zum Thema hat.

Dennoch soll hier der Versuch gemacht werden, wenigstens einen Aspekt von Barthes Schreiben aufzugreifen, nicht zuletzt deshalb, weil zwischen seinen und den Texten Wolfgang Koeppens Parallelen festzustellen sind. Viele von Barthes Ansätzen lassen sich direkt auf das Werk Koeppens anwenden.

---

[261] Theis 1975, S. 253
[262] Vgl. Theis 1975, S. 254
[263] Zitiert nach Theis 1975, S. 253
[264] Barthes, Roland: Die Lust am Text [zuerst 1973], Frankfurt/Main 1984

71

In diesem Zusammenhang ist interessant, daß Barthes mit der *écriture blanche*, die er in *Am Nullpunkt der Literatur* entwickelt, die Schreibweise von Albert Camus in *Der Fremde* erklären will[265], einem Text, der die Vereinsamung des Menschen und die Unfähigkeit der Gesellschaft, ihn zu begreifen, darstellt. Diese Erfahrung wird in der Sprache des Textes gespiegelt, und letztlich macht Camus "die formale Ethik seines Schreibens zu einem Werkzeug aufklärerischer, selbstbestimmender Tat"[266]. Beiden, Camus und Koeppen, geht es um Außenseiter in einer bürgerlichen Gesellschaft, die sich gegen diese auf eine repressive Weise absichern will. In der Forschung wird darauf hingewiesen, daß mit Barthes Begrifflichkeit Merkmale des *Nouveau Roman* exakt beschrieben werden können. Auch Koeppen ist interessiert an Werken Alain Robbe-Grillets, Michel Butors und besonders an Claude Simon und Nathalie Sarraute, deren theoretische Äußerungen er für Allgemeinplätze hält, von deren Romanen er jedoch fasziniert ist.[267]

Wolfgang Koeppen sichert sich mit der Darstellung der Kontinuität seiner Verlusterfahrung, sowohl als Schreib- als auch als Identitätsverlust verstanden, ein wichtiges biographisches Identitätsmoment[268] und verfährt damit - wie im Kapitel über das Selbstverständnis beschrieben - ideologisch. Wenn man Ideologie als "Repräsentation der *imaginären* Beziehung des Subjekts zu seinen/ihren *realen* Existenzbedingungen"[269] begreift, ergibt sich daraus, daß es im Imaginären, in dem das Selbstbewußtsein angesiedelt ist, auch Ideologiekritik geben kann. Formuliert der Schriftsteller den Verdacht gegenüber seiner eigenen Ideologie bewußt aus und bemüht sich um eine erkenntnisrelevante Sprache, so findet das im Bereich des Imaginären statt, was nach Lacan insofern Selbstbetrug und Selbsttäuschung bedeutet, als sich ein Subjekt in Wahrheit seiner selbst nie bewußt sein kann. Koeppens Sprache, die einmal ideologiekritische und erkenntnisrelevante Momente beinhaltet, bildet aber auch auf einer anderen Ebene eine Identitätsdiffusion des Autors ab, was diesem nicht bewußt wird. Die Struktur der Sprache prägt das Unbewußte, welches seinerseits sprachlich strukturiert ist und das Unbewußte repräsentiert. Ein Ansatzpunkt, um diese

---

Vgl. Theis 1975, S. 259
Theis 1975, S. 259
Vgl. Was ist neu am Neuen Roman? GW 6, 363-367
Vgl. Treichel 1984, S. 75
Jameson, Fredric: Postmoderne - zur Logik der Kultur im Spätkapitalismus. In: Postmoderne. Zeichen eines kulturellen Wandels, hg. von Andreas Huyssen und Klaus R. Scherpe, Reinbek bei Hamburg 1986, S. 97

beiden Ebenen erst einmal getrennt - was sie eigentlich nicht sind - beschreiben zu können, findet sich in einer der ersten Texte von Roland Barthes *Am Nullpunkt der Literatur* mit seiner Unterscheidung von *écriture* und *style*. Der Begriff *style* hat in diesem Fall nichts mit der traditionellen, rationalistisch gefärbten Stilistik zu tun, die Stil als eine bewußte Auswahl aus den Möglichkeiten der Sprache für einen bestimmten ästhetischen Zweck definiert[270]. Deshalb bleibt im folgenden der Ausdruck *style* unübersetzt, für *écriture* kann dagegen der Begriff *Schreibweise* verwendet werden. Wenn *style* eine unumgängliche Gegebenheit ist, die die sprachliche Ausdrucksweise an die persönliche Geschichte und das Lebensgefühl des Autors bindet, und die *écriture* die Funktion hat, die Beziehung zwischen dem Geschaffenen und der Gesellschaft zu bedeuten[271], also die historische und gesellschaftliche Dimension meint, wäre im Fall Wolfgang Koeppens seine ideologiekritische und nach Erkenntnis suchende Sprache der *écriture*, die Brüche, in denen das "Unsagbare" sich ausgedrückt, dem *style* zuzuordnen.

> Durch seinen biologischen Ursprung liegt Stil [*style*] außerhalb der Kunst, das heißt außerhalb des Paktes, der den Schriftsteller an die Gesellschaft bindet. Man kann sich also Autoren denken, die die Sicherheit der Kunst der Einsamkeit des Stils vorziehen.[272]

In den Essays Koeppens wird eine Ambivalenz gegenüber dieser Einsamkeit des *style* sichtbar. Einerseits stellt die Aufgehobenheit in der Kunst für Koeppen ein Problem dar, das nicht zuletzt auch sein Fernbleiben vom Literaturbetrieb dieser Tage signalisiert. Sich andererseits vollständig an den Ort des *style* zu begeben, der "eine der freien Verfügung des Schriftstellers entzogene Notwendigkeit, nämlich die in das organische Sein eingeschriebene Spur seiner individuellen Geschichte"[273] ist, und über eine völlig autarke sprachliche Ausdrucksweise verfügt, das ist ihm auch nicht möglich. Die "Schreibweise dagegen ist immer in einem Jenseits sprachlichen Ausdrucks verwurzelt", und es gibt "dort etwas wie den Zugang zu einer Absicht, die schon nicht mehr die des Sprachausdrucks ist. Dieser Zugang kann sehr wohl eine Leidenschaft zum sprachlichen Ausdruck

---

[270] Vgl. Brütting, Richard: "écriture" und "texte". Die französische Literaturtheorie "nach dem Strukturalismus". Kritik traditioneller Positionen und Neuansätze, Bonn 1976, (Abhandlungen zur Kunst-, Musik- und Literaturwissenschaft; Bd. 213), S. 59
[271] Vgl. Barthes 1982, S. 20-21
[272] Barthes 1982, S. 19
[273] Brütting 1976, S. 59

73

sein, wie die Schreibweise der Literatur"[274]. Diese Leidenschaft zum sprachlichen Ausdruck läßt Koeppen immer die Form über den Inhalt stellen. Die Schreibweise Koeppens zeigt, daß er auch im weiteren Sinne kein politisch engagierter Schriftsteller ist. In dem Moment, in dem der engagierte Intellektuelle an die Stelle zwischen dem Schriftsteller und dem "politisch Aktiven" tritt, wird bei der intellektuellen Schreibweise die Ausdrucksform zu einem deutlichen Zeichen für Engagement.[275] Der Schriftsteller schließt sich einer "geschlossenen Sprache" an, die "Schreibweise erscheint hier wie eine Unterschrift" und ist "bereits ganz Institution" geworden.[276] "Die Form wird damit mehr als je zu einem autonomen Objekt, das dazu bestimmt ist, ein kollektiv verteidigtes Eigentum zu bedeuten."[277] Das alles korrumpiert die eigentliche literarische Schreibweise. Koeppen hat das wohl erkannt und ließ sich weder in den Dienst irgendeiner politischen Proklamation einspannen, noch nahm er die ihr eigene institutionelle Schreibweise an. Seine Schreibweise repräsentiert immer neue Möglichkeiten zu einem Thema und spielt verschiedene Varianten durch, sie legt sich jedoch niemals auf einen Sinnzusammenhang fest und verfällt auch nicht einer normativen Sprache, die politischem Engagement eigen ist. Und doch hat auch bei Koeppen in seiner späteren Schreibweise eine Institutionalisierung stattgefunden. Er hat sich quasi in der eigenen Ideologie, in seinem Bild als Schriftsteller festgeschrieben, und das wirkt sich auf die Schreibweise aus, da sie, wie Barthes sie definiert, im Bereich des Imaginären anzusiedeln ist. Als "Freiheit besteht die Schreibweise also nur einen Augenblick", und sie kann sich nicht über einen Zeitraum hinweg entwickeln, "ohne allmählich Gefangener der Worte anderer" und der eigenen zu werden.[278] Durch die mit der Zeit immer gleichförmiger ausfallende Form seiner Essays ist ein Stillstand in der Entwicklung seiner Schreibweise eingetreten, deswegen wird in ihnen die Schreibweise der in der Vergangenheit entstandenen Texte übermächtig, und sie übertönt seine gegenwärtigen Worte.[279] Koeppen hat sich in der eigenen bürgerlichen Schreibweise gefangen, während sein *style* sich den gesellschaftlichen Gegebenheiten nicht unterworfen hat. Eine bürgerliche Schreibweise bemüht sich um die Form und entwickelt ein Stilhandwerk, das das

---

[274] Barthes 1982, S. 26-27
[275] Vgl. Barthes 1982, S. 34
[276] Vgl. Barthes 1982, S. 34-35
[277] Barthes 1982, S. 35
[278] Vgl. Barthes 1982, S. 24
[279] Vgl. Barthes 1982, S. 24

Bemühen um diese Form zeigt. Die Zerrissenheit der heutigen Gesellschaft macht es dem bürgerlichen Schriftsteller unmöglich, sich mit seinen Lebensumständen abzufinden, doch er will für die Form seiner Literatur verantwortlich sein, er will Kunst produzieren. "Der Schriftsteller gibt der Gesellschaft eine Kunst, die sich als solche erklärt und in all ihren Normen sichtbar ist. Als Gegendienst kann die Gesellschaft den Schriftsteller akzeptieren."[280]

Barthes hält es in diesem frühen Text nur mit Hilfe einer neutralen Schreibweise, einer *écriture blanche*, für möglich, die literarische Sprache von der bürgerlichen Schreibweise der Vergangenheit zu lösen. Die *écriture blanche* befreie sich "von aller Unterwerfung unter eine gekennzeichnete Ordnung der Sprache"[281], als Schreibweise am Nullpunkt signalisiere sie nicht mehr Literatur, sondern hebe deren Tradition auf, d.h. die literarische Schreibweise würde aus literarischen Texten verschwinden und es bliebe der *style* übrig. Wolfgang Koeppens Texte beinhalten immer wieder Momente einer *écriture blanche*. Sie zeigt sich dort, wo seine Sprache sich seiner Verfügungsgewalt entzieht, wie oben gezeigt wurde. Doch er ist zu sehr der bürgerlichen Ideologie von Literatur verhaftet, als daß er sich von der bürgerlichen, literarischen Schreibweise völlig lösen könnte. Die Krise der bürgerlichen Literatur - die man mit Barthes ab 1848 ansetzten kann - beginnt mit der Erkenntnis, daß das bürgerlich-universalistische Weltbild nur eine Ideologie unter vielen möglichen ist, was bewirkt, daß sich die vorher einheitliche Schreibweise in viele verschiedene auflöst.

Es entsteht eine Literatur, die versucht, den "literarischen Mythos" dadurch zu erhalten, daß sie die literarische Sprache zerbricht, wie zum Beispiel bei Rimbaud oder den Surrealisten.[282] Doch dieses Aufbrechen der Form endet wieder im eingefahrenen Gleis und zeigt, "daß es keine sich revolutionär erhaltende Schreibweise gibt und alles Schweigen der Form dem Betrug nur durch ein absolutes Verstummen entgeht"[283]. Dieses Verstummen der Literatur wird bei Koeppen sichtbar und hat nichts mit dem vielzitierten Schweigen des Autors zu tun:

> Diese Kunst hat die Struktur des Selbstmordes: das Schweigen ist darin eine homogene dichterische Zeit, die das Wort zwischen zwei Schichten zwängt und es zerspringen läßt (...).[284]

---

[280] Barthes 1982, S. 76-77
[281] Vgl. Barthes 1982, S. 88
[282] Vgl. Barthes 1982, S. 87
[283] Barthes 1982, S. 87
[284] Barthes 1982, S. 88

75

An diesem Punkt flieht Wolfgang Koeppen in die Form des Essays, was noch
ausführlicher zu zeigen ist.
Roland Barthes hat seine Aussagen über *écriture* und *style* im Lauf der Zeit
mehrfach verändert, und je mehr er sich der Gruppe um die Zeitschrift *Tel Quel*,
die in Frankreich poststrukturelle Tendenzen ganz verschiedener Art repräsentiert, anschließt, kommt er zu einem *écriture*-Begriff, der dann das, was in *Am
Nullpunkt der Literatur* als *style* bezeichnet wird, mit umfaßt.

> Später wird Roland Barthes auch in dem 'Stil' Determinanten finden, welche das
> Subjekt transzendieren, und ihn der 'Schreibweise' (écriture) einordnen, wobei dieser
> nun übergeordnete Begriff seinerseits jede allzu vordergründige, undialektische soziale
> Determination verliert.[285]

3.3.4 Textbegehren

3.3.4.1   Die *unfolgsamen Söhne* als Thema

Wolfgang Koeppen porträtiert die *unfolgsamen Söhne*[286] unter den bürgerlichen
Schriftstellern, die Außenseiter, die "Bruderschaft der gestürzten Engel, der Früh-
gestorbenen, der Frühvollendeten, der Frühwahnsinnigen, der Frühermatteten"
(GW 6, 249). Es sind die Dichter, deren Imagination des Ich Sprünge aufweist,
deren Sozialisation zumindest teilweise scheitert, die sich gegen die Gesellschaft,
das "Gesetz des Vaters", auflehnen, und die trotzdem - oder gerade deshalb - ein
großes Werk schaffen. Die zu Lebzeiten erfolgreichen, gesellschaftlich
anerkannten und finanziell abgesicherten Schriftsteller sind für ihn kein Thema.
Beschäftigt sich Koeppen aufgrund einer Auftragsarbeit doch mit ihnen, so
beschreibt er einen Augenblick der Niederlage, der Krise oder des Selbstzweifels
und kehrt die dunkle, nicht sichtbare Seite dieser Persönlichkeiten nach außen.
Besonders auffällig verfährt Koeppen mit Thomas Mann, dem er sehr distanziert
begegnet. Nach wiederholter Lektüre von *Tod in Venedig* kann er ein früheres
negatives Urteil über Manns Gesamtwerk relativieren und gelangt ihm gegenüber
zu einer versöhnlicheren Einstellung: "Ich meine, Thomas Mann hat mit dem *Tod
in Venedig* seine Schattenlinie überschritten, die Gewißheit von seinem Sein und

---

Theis 1975, S. 259
[286] Vgl. Endres, Ria: Am Ende angekommen. Dargestellt am wahrhaften Dunkel der
Männerporträts des Thomas Bernhard, Frankfurt/Main 1980, S. 16

des immerwährenden Sterbens an seinem Sein" (GW 6, 202). Zielsicher werden hier Schwachstellen einer scheinbar gefestigten literarischen Existenz getroffen, und damit kann Koeppen, wenn auch nur bedingt, Thomas Mann in das Bild des Schriftstellers als *elendem Skribenten* einordnen.[287]

Auch Jack London fällt vorerst aus dem Rahmen der Porträtierten, wenn er zu Beginn des Essays *Jack London und seine heile Welt* zwar als ein nicht zum "amerikanischen Parnaß" gehörender, aber doch als vielgelesener, hohe Auflagen erreichender Schriftsteller beschrieben wird. Aber im letzten Abschnitt zweifelt Koeppen am Erfolg Londons:

> War das Leben ein schönes Spielfeld für den Starken? War es ein Kunstwerk? Jack London vergiftete sich, einundvierzig Jahre alt, mit Morphium. Es war ihm gelungen, sich den Reichen, den Vornehmen, den Gebildeten anzugleichen.(...) Das alles war schwer zu ertragen (GW 6, 211).

Dabei gilt es in der Forschung nicht als gesichert, ob er wirklich Selbstmord begangen hat. Doch es zeigt noch einmal deutlich die Eigenart Koeppens, mit Fakten zu spielen, sie nicht ganz genau zu nehmen und sie seiner stilisierten Schriftstellerfigur anzupassen.

Die Betrachtungsweise des Dichters als Randfigur der Gesellschaft prägt auch Koeppens Auswahl der Texte. Sie verläuft immer an der Peripherie des entsprechenden Werkes: Koeppen stellt niemals das Hauptwerk der Porträtierten in den Mittelpunkt, sondern lenkt seine Aufmerksamkeit auf die Tagebücher, das Frühwerk, die Fragmente oder auf die gescheiterten Werke.

Koeppen thematisiert in seinen Essays die Probleme der Dichter, die im Zusammenhang mit der literarischen Existenz entstehen, bis hin zu ganz alltäglichen Lebensumständen. Es sind seine ganz persönlichen Nöte, die er auf seine Figuren überträgt; so bleibt in den Porträts die finanzielle Situation der Schriftsteller nicht unerwähnt. Flaubert wird gleich im ersten Satz als "Sohn aus gutem Haus, von seinem Wesen ein Dichter, (...) ein allzu früher Rentier" (GW 6, 118) beschrieben, der keine finanziellen Sorgen hatte. Robert Walser dagegen sieht Koeppen

---

[287] Vgl. von Briel, 1987, S. 113. Das Verhältnis Wolfgang Koeppens zu Thomas Mann ist in das Interesse der Forschung gerückt. Vgl. Langer, Anneliese: Zeit- und Kulturkritik: Wolfgang Koeppen über Thomas Mann: Untersuchung zu Stil und Struktur in 'Tauben im Gras' und 'Tod in Rom'. Diss. phil. University of Cincinati 1991, und vgl. Pizer, John: From a Death in Venice to a Death in Rome. On Wolfgang Koeppen's Critical Ironization of Thomas Mann. In: Germanic Review 68 (1993), S. 98-107

schließlich der peitschenden Erwartungen der Literaten überdrüssig, des Lebens-
kampfes müde, der Sorge um Miete und Brot endlich enthoben, als Insasse einer Heil-
und Pflegeanstalt bei Schnee über die Appenzeller Berge, bei gefährlichem
Gewitterregen durch das Tal wandern (GW 6, 228-229).

All diese *elenden Skribenten* eint ihre Außenseiterposition, ihr Leiden an der
Gesellschaft und der aussichtslose Kampf des Dichtersubjekts gegen die
Beschränkung der Sprache, die immer eine Distanz zum Individuum und den
Dingen bedeutet.

3.3.4.2   Suche nach dem verlorengegangenen Subjekt und Folgen einer
            gescheiterten Identifikation

Koeppen kann der Welt nicht mehr souverän gegenüberstehen und sie als Ganzes
durchschauend in Text fassen, "weil die permanente Drohung der Katastrophe
keinem Menschen mehr das unbeteiligte Zuschauen und nicht einmal dessen
ästhetisches Nachbild mehr erlaubt"[288]. Das hat Folgen für die Erzählhaltung des
modernen Schriftstellers. "Etwas erzählen heißt ja: etwas *Besonderes* zu sagen
haben, und gerade das wird von der verwalteten Welt, von Standardisierung und
Immergleichheit verhindert."[289] Aber weder die herausragende Persönlichkeit,
die etwas zu erzählen weiß, noch die sinnerfüllte Welt, von der erzählt werden
könnte, haben sich erhalten, und ein literarisches Subjekt, das sich nicht der Lüge
bezichtigen will, muß seine Kapitulation, seine Ohnmacht vor der Dingwelt
artikulieren.
Ein sehr früher narrativer Text Wolfgang Koeppens - Oehlenschläger weist darauf
hin[290] - zeigt, daß es dem Autor bereits 1933 gelingt, eine adäquate Themati-
sierung seiner schon damals grundlegenden Frage nach dem Subjekt im Text zu
realisieren. *Joans tausend Gesichter* (GW 3, 105-109) erzählt die Geschichte
eines Photographen, der auf der Jagd nach dem einzig wahren und umfassenden
Bild Joans ist, jedoch diese Photographie erst bei ihrem Tod machen kann. Der
photographische Akt ist nach Oehlenschläger eine Metapher für den literarischen:
"Der Photohändler, Leser und Autor ineins, bringt seine Text-Figur um und trägt

---

[288]   Adorno 1981, S. 46
[289]   Adorno 1981, S. 42
[290]   Vgl. Oehlenschläger 1987, S. 122-140

die Konserve (das 'Artefakt') 'vollendet' von dannen."[291] Das eigentliche Subjekt des Textes - Koeppen selbst - wird von seinem Autor eliminiert und als Kunstwerk in der Fiktion neu geschaffen. Die Fiktion wird aber für ihn immer fragwürdiger. Damit hat Koeppen bereits zu seiner Zeit als Journalist beim *Berliner Börsen-Courier* das Paradigma für sein gesamtes Werk gefunden. Koeppens Auseinandersetzung mit seiner schriftstellerischen Praxis hat sich mit der Zeit immer mehr auf die Frage konzentriert, wie es ihm möglich sein werde, weiterhin in der Form von Erzählung und Fiktion subjektive Erfahrungswirklichkeit zu schildern. Er glaubte, mit Hilfe des Genres *Reiseberichte* "näher an die Wahrheit des unverstellten, unübersetzten Subjekts heranzukommen"[292], weil "ein Aufenthalt, irgendwo in der Welt, es leichter machte, von sich zu sprechen. Es sind andere Spiegel, vor die man sich stellt" (GW 5, 279). In der Tat schildern die Reiseberichte unmittelbare sinnliche Wahrnehmung wie Gerüche, Töne oder Bilder und spontane Reaktionen des Reisenden. So sieht es auf den ersten Blick aus, als würde er mit seinen Dichterporträts bei der Suche nach Identität und Authentizität einen Schritt zurückgehen, indem er zwischen sich und den Text die zu Porträtierenden schiebt, um von sich zu sprechen. Doch betrachtet man sich die Subjektivität der Reiseberichte näher, so erkennt man, daß er den Versuch, ohne die Übersetzung in Romanfiguren unmittelbarer von sich zu reden, im Verlauf dieser Texte zugunsten einer "quasi fingierten Unmittelbarkeit"[293] zurücknimmt. Die Subjektivität, das authentische erzählende Ich ist scheinbar, "heraus kam nur eine Art umgänglicher Doppelgänger"[294]. Koeppen setzt in den Dichteressays weder Romanfiguren noch ein fingiertes Selbst als vermittelnde Ebene ein, sondern authentische Personen mit einer eigenen Geschichte. In seinen Porträts findet er das "Ersatzsubjekt, Spielobjekt, Erzählsubjekt", zu dem er sich selbst stilisiert, - wie Heißenbüttel in den Reiseberichten ausmacht[295] -, bei den Dichtern, bei den *elenden Skribenten,* deren *anecdotal life* er als Folie benützt. Den Begriff *anecdotal life* hat Henry Miller geprägt; er meint den Lebensbericht, der sich aus dem für jeden Mensch einmaligen, autobiographisch anekdotischen Material zusammensetzt.

Koeppen verwertet neben dem literarischen Werk des Porträtierten solch biographisches Material, er zitiert aus Tagebüchern, Briefen und Notizen, auch aus

---

[291] Oehlenschläger 1987, S. 130
[292] Heißenbüttel 1972, S. 33
[293] Heißenbüttel 1972, S. 33
[294] Heißenbüttel 1972, S. 33
[295] Vgl. Heißenbüttel 1972, S. 33

Erinnerungen von Zeitgenossen. "Von allem ist die Rede, nur nicht von dem, der von allem redet."[296] Die referentiellen Bezüge, die nachprüfbaren Namen und Fakten bilden den äußeren Rahmen, innerhalb dessen er anhand der Individualität eines Dichters sein eigenes Ich sucht und gleichzeitig versteckt. "Das schreibende Ich vervollkommnet die Maskerade schließlich zur perfekten Mimikry."[297] Durch die Schilderung der Konfrontation der Persönlichkeit des Dichters mit seinen gesellschaftlichen Realitäten und deren Scheitern an den historischen, geographischen und sozialen Gegebenheiten übt Koeppen in seinen Porträts heftige Kultur- und Gesellschaftskritik.

Wolfgang Koeppen sieht sich in der Tradition der Moderne, er will an dem Punkt noch einmal ansetzen, an dem das Subjekt als fiktiv entlarvt und die Grenze zwischen Authentizität und Fiktion aufgehoben wird. Doch auch er kann in der Literatur nicht mehr das Unmittelbare sehen, das subjektive Erfahrung über die Projektion mitteilen kann. Die Fiktion ist für ihn zur Lüge geworden, der Weg der Identifizierung mit einer Figur bleibt ihm versperrt, doch vor der Konsequenz, dem Rückzug aus der Fiktion in die Schilderung des *anecdotal life*, hin zu einer radikalen Entblößung - davor schreckt er zurück. An diesem Punkt findet Heißenbüttel den Grund, warum Koeppen nicht mehr publiziert: "Wenn der Ansatz des Nichtfiktiven [gemeint sind die Reiseberichte], der Durchstoß durch die Blendwand des Fiktiven wieder nur eine neue Blendwand, eine neue Projektionsebene aufrichtet, hindert ihn die Lüge an der Publikation."[298] Heißenbüttel ist hier zuzustimmen, dennoch läßt auch er das Erscheinen der literarischen Essays, in denen Koeppen seinen Versuch noch nicht aufgegeben hat, außer acht.

Koeppens Selbstverständnis als außenstehender Beobachter zerfällt in dem Moment, in dem der drohende Verlust der Verfügungsgewalt über die Sprache eine Verunsicherung des literarischen Subjekts bewirkt. Er versteht sich selbst nicht mehr, und so wird es ihm unmöglich, die Welt zu ordnen und zu übersehen. Subjektives Erleben und Selbsterfahrung werden von ihm als Selbstverlust empfunden. Koeppen beläßt es jedoch nicht bei der Darstellung des Erschrek- kens des von der Welt entfremdeten Erzählsubjekts. Heißenbüttel geht so weit zu sagen, daß Koeppen versuche, "das sich entziehende Subjekt, das Welt erfährt, erlebt, überschaut, bis in seinen Entzug hinein zu beschreiben, ja das Unmög-

---

[296] Treichel 1984, S. 158
[297] Beu 1994, S. 63
[298] Heißenbüttel 1972, S. 36

liche zu tun: nämlich die Beschreibung des Entzogenen selbst zum Thema zu machen "[299].

Wolfgang Koeppen weigert sich, über veröffentlichte Werke zu sprechen, sie sind für ihn verlorengegangen, ohne daß sie ihren Zweck erfüllt hätten. Um mit Lacan zu sprechen: das Begehren, der Hunger nach Sinn, nach Verstandenwerden und Sichselbstverstehen, ist nicht erfüllt worden. Das schreibende Subjekt hat zwar *"im Schreiben* etwas von sich verwirklicht, aber es ist nicht zu fassen, was. Sobald der Text formuliert ist (...), ist es weg, dieses Etwas. Das Subjekt findet sich verloren im Text (...), dem es fremd gegenübersteht"[300]. Mit dem geschriebenen Werk, sei es eine Erzählung oder ein Essay, ist die Suche nach dem verlorenen Subjekt, dem eigentlichen Textbegehren, wieder vergebens gewesen, und ein neuer Versuch tritt an die Stelle des Interesses.

3.3.5 Essay als Gratwanderung Wolfgang Koeppens

Die Essays von Koeppen sind meist als Auftragsarbeiten für große Zeitungen und Literaturzeitschriften oder als Vor- bzw. Nachworte für Buchausgaben geschrieben worden. Sie sind demnach zuerst Gebrauchstexte und verfahren mediengerecht, denn literarische Anspielungen und Zitate sprechen ein bestimmtes Lesepublikum, das Bildungsbürgertum, an. Mit der Aneinanderreihung von anspielungsreichen Phraseologien und Klischees wird bei jedem gebildeten Feuilletonleser ein Vorwissen aktiviert, das Neugierde und Spannung auf einen neuen, ihm unbekannten Text weckt oder das ihm den Eindruck vermittelt, in ein gemeinsames Lektüreerlebnis mit einbezogen zu werden. Ein besonders prägnantes Beispiel findet sich in einem Text zu Thomas Mann, *Die Beschwörung der Liebe* (GW 6, 196-203); dort schreibt Koeppen am Schluß:

> Ich habe mir einmal etwas herausgenommen, eine Paraphrase auf den Schlußsatz des 'Tod in Venedig'. Ich möchte Herrn von Aschenbach in all ihrer Reinheit die Zeile zurückgeben: 'Und noch desselben Tages empfing eine respektvoll erschütterte Welt die Nachricht von seinem Tode' (GW 6, 202-203).

Er spielt damit auf den Schlußsatz seines Romans *Tod in Rom* an, den er allerdings ins Negative wendet. Es lassen sich unzählige Beispiele auch von

---

[299] Heißenbüttel 1972, S. 34
[300] Gallas, Helga: Der Hunger nach Sinn. Notizen zum Schreiben. In: Freiburger literaturpsychologische Gespräche, Band 4, Würzburg 1985, S. 56

subtileren Verweisen finden, wie etwa im Porträt Alfred Döblins (GW 6, 231-239), ein Autor, der immer wieder das Paradigma *Wasser, Wellen* in seinen Romanen aufgreift: "Er war dem Wasser in seltsamer Weise hörig" (GW 6, 233). Der Essay beginnt mit einer alle Sinne aktivierenden Schilderung des Meeres und des Hafens, der gesamte Text bildet endlos Wellen ab, die kommen, brechen und verebben, bis in die Wortwahl hinein, die von Wassermetaphorik bestimmt wird. Dabei wendet er ein ähnliches stilistisches Verfahren an wie im oben beschriebenen Text *Welteinsamkeit*. Diese Fülle von Detailinformationen, die auf eine umfassende Literaturkenntnis schließen lassen, breiten "eine Ebene fesselnder und geistreicher leser-, zugleich objektbezogener, also referentieller Mitteilungen aus"[301]. Doch das Lesevergnügen wird immer wieder gestört:

> Es ist mehr als ein Unbehagen, was hier ausgelöst wird. Die Texte beziehen aus untergründigen Quellen Stimulationen, unartikuliert, aber wirksam die impressionistische und zustimmende Leserhaltung störend. Die Texte sind doppelbödig.[302]

Was Todorow in den Reiseberichten beobachtet, trifft auch in vollem Maße auf die Essays zu. Gerade an den Stellen, an denen die Lesernähe zerstört wird, an diesen Brüchen zeigt sich Koeppens Gratwanderung. Einmal durchbricht er hier die Sprache der alltäglichen kulturellen Praxis, ein Autor tritt hervor und weiß auf äußerst wirkungsvolle Art, seine scharfe Kritik an einer Gesellschaft zu formulieren, die, auf repressive Absicherung bedacht, das Leben unfrei macht; Koeppen weiß diese Kritik zu vermitteln, ohne daß die traditionelle, bildungsbürgerliche Form des Essays verlassen werden müßte. Gerade dadurch, daß er "die sinnentleerten Redewendungen und Klischees der Alltagssprache wörtlich nimmt, gelingt es ihm, die herkömmlichen Denkweisen mit den gesellschaftlichen Vorurteilen, die sich darin niedergeschlagen haben, aufzudecken"[303]. Wie im Kapitel zur Sprachanalyse bereits gezeigt wurde, bewirken die langen Reihen von Nominalverknüpfungen genau das Gegenteil von dem, was sie vordergründig ausdrücken. Koeppen macht sich die Spannung zwischen Gebrauchsform und literarischer Ausarbeitung bewußt zu eigen und nutzt ihre Möglichkeiten auf das äußerste aus.[304] Das hohe Maß an Literarizität hebt Koeppens Essays weit über das Niveau des journalistischen Umfelds, über das Feuilleton. Doch das ist nur ein Aspekt, der an den Bruchstellen zum Vorschein kommt. Bereits oben wurde darauf hingewiesen, wie sich hier neben der

---

[301] Todorow 1986, S. 148
[302] Todorow 1986, S. 149
[303] Quack 1974, S. 826
[304] Vgl. Todorow 1986, S. 142

Schreibweise im *style* die Sprache des Unbewußten ausdrückt, die eine tiefliegende Identitätsdiffusion des Autors zeigt.

Die Produktionsgeschichte von Wolfgang Koeppens Gesamtwerk zeigt, daß er kontinuierlich Essays veröffentlicht hat, auch oder gerade in Phasen seines angeblichen Schweigens. Das widerspricht den Thesen von der Verweigerung, vom Schweigen als Verstummen eines Schriftstellers, der damit gegen eine Gesellschaft protestiert, die ihm die Existenzbedingungen verweigert, die er zum Schreiben braucht. Das Schweigen als Ausdruck der Selbstentfremdung eines Dichters zu deuten, der in der Tradition der Moderne steht, greift auch zu kurz, wie im Kapitel zur Schreibweise bereits ausgeführt wurde. Und doch kann man das Schreiben von Essays als Rückzug sehen, als Flucht in eine essayistische Form und Schreibweise, die für Koeppen die letzte Möglichkeit des literarischen Ausdrucks bietet. Hier kann ihm noch gelingen, was Treichel "die Transformation des Existenzproblems in das Formproblem, die Transformation der Sinnfrage in die Stilfrage"[305] nennt.

Das fragmentarische Moment, das dieser Form inneliegt, erlaubt Koeppen weiterzuschreiben, den einmal aufgenommenen Text wieder und wieder fortzuführen und dort einzuhalten, wo er zu entgleiten droht, um an anderer Stelle erneut zu beginnen. In diesem Sinn äußert sich Koeppen über das Fragmentarische gegenüber Arnold:

> Ich glaube nicht recht, und zwar nicht nur für mich, sondern für jeden, der heute schreibt, an die Möglichkeit des wirklich fertigen, des wirklich abgeschlossenen Werkes. Ich glaube, daß immer noch etwas zu sagen wäre, und alles, was man gesagt hat (...), Fragment bleibt und nicht vollendet.[306]

Koeppen macht das Fragmentarische zu einem ästhetischen Prinzip seiner Texte, indem er es als Ausdruck eines sich im Zustand der Veränderung befindenden, beweglichen Denkens, das Ideologie bewußt ablehnt, begreift und mit ihm die Verzweiflung über das Unvermögen einer schriftstellerischen Existenz, Welt zu deuten und Wege zu weisen, zum Ausdruck bringt.

> Mich fesseln Lebensläufe in Fragmenten (...) wie all die Notizen von Novalis (...). Die Fragmente des Herrn von Hardenberg sind ein einziger großartiger innerer Monolog (...). Aus Texten Majakowskis wurde eine Autobiographie 'Ich' zusammengestellt, ein Zeitbild, eine Gestalt, faszinierend, poetisch durch das Geheimnis des Fragments.[307]

---

[305] Treichel 1984, S. 216
[306] Arnold 1975, S. 138
[307] Arnold 1975, S. 129

83

Wenn Koeppen hier auch seine Vorliebe für frühromantische Texte benennt, so kann man nicht sagen, daß sein Essayismus von den Fragmenten Friedrich Schlegels und Novalis' beeinflußt wurde. Man wird an Hugo Friedrichs Wort: "Modernes Dichten ist entromantisierte Romantik"[308] erinnert. Barthes weist in diesem Zusammenhang darauf hin, daß die poetische Revolution der Romantik die Schreibweise der bürgerlichen Ideologie beibehalten hat.[309] Der russische Postformalist Michail Bachtin, dem auch Julia Kristeva mit ihrer Theorie über die Intertextualität folgt, hat 1923 schon darauf hingewiesen, daß jeder poetische Text aus einem Mosaik von Zitaten früherer Texte aufgebaut ist. "So ergibt sich nicht nur innerhalb des Textes in der Vielschichtigkeit der sprechenden Instanzen, sondern auch zwischen dichterischem Text und sozio-kulturellem Kontext (im weitesten Sinne) eine dialogische, polyphone Struktur."[310] Die Schreibweise in der Essayistik treibt das Zitieren von kulturell schon Vorgeformtem auf die Spitze. Setzt man diese Beobachtung in Beziehung zu Koeppens Motivation zu zitieren - wie im Kapitel zu seinem Selbstverständnis beschrieben -, entwickelt sich ein weiteres Argument für die Richtigkeit der These, daß Koeppen essayistisches Schreiben als Suche nach dem verloren-gegangenen literarischen Subjekt betreibt. Das "entfremdete, das vor sich selbst erschreckende Subjekt taucht nicht mehr - oder nur noch als literarisches bzw. literaturhistorisches Zitat (...) - auf."[311] Der Essay als nicht-fiktionaler Text läßt Koeppen jedoch hinter den literarischen Zitaten subjektiven Spielraum. So werden die Porträts zu einem einzigartigen Versuch von sich selbst zu sprechen, dabei aber sich, sein Selbstverständnis und sein *anecdotal life* hinter der Maske eines *Anderen* zu verstecken, ohne jedoch dieses andere Ich zu sezieren.[312] Diese Vorgehensweise nennt Koeppen ausdrücklich in seiner Einleitung zur Laudatio auf Arno Schmidt: "Ich fürchte, Sie mit meinen Gedanken, Anmerkungen, Betrachtungen, schließlich Phantasien zu dieser großen Existenz und meinem Bemühen, Indiskretionen zu vermeiden, das Geheimnis solchen Schaffens nicht preiszugeben, zu ärgern" (GW 6, 418). Was ihm in seinen Romanen nicht mehr gelingen kann, nämlich seine Helden

308 Friedrich, Hugo: Die Struktur der modernen Lyrik. Von der Mitte des neunzehnten bis zur Mitte des zwanzigsten Jahrhunderts [zuerst 1956], Reinbek bei Hamburg, erweiterte Neuausgabe 1985, S. 30
309 Vgl. Barthes 1982, S. 69
310 Hardt 1975, S. 310
311 Treichel 1984, S. 198
312 Vgl. Verf. 1987, S. 115

84

"über die Konstituierung einer ästhetischen und literarischen Existenz als 'autonome' Individuen zu retten"[313], erreicht Koeppen in seinen Porträts über eine radikale Stilisierung des Dichters zum tragischen Subjekt, die er auf sich selbst überträgt, ohne daß ihn die Psychologie der Schriftsteller interessieren würde. Auf diese Weise versucht er, dem Schriftsteller als Persönlichkeit die Aura zu erhalten, die er in seiner Erfahrungswirklichkeit und in seiner Romanwelt verloren hat.[314]

Koeppen weiß sehr wohl, daß er mit einem nicht-problematisierten, literarischen Versuch, das Individuum zu retten, in einer bürgerlichen Denkweise verfangen bleibt, obwohl er sonst seinen Ideologieverdacht gegenüber allen Weltanschauungen zum Ausdruck bringt. Doch auch mit seiner bürgerlichen Schreibweise - es gibt heute im Grunde "kein Sprachfeld, das außerhalb der bürgerlichen Ideologie wäre: unsere Sprache geht aus ihr hervor, kehrt zu ihr zurück, bleibt in ihr eingeschlossen"[315] - gibt er sein eigenes ideologisches Verhaftetsein zu erkennen, allerdings mit dem Ergebnis, daß die Unmöglichkeit, den Schriftsteller als autonomes Individuum zu beschreiben, deutlich wird. In einem Text über den *Nouveau Roman* schreibt Koeppen: "Schon lange ist der Roman nicht nur auf der Suche nach der verlorenen Zeit, er sucht das verlorene, vielleicht nie zu findende Ich" (GW 6, 365).

---

313 Treichel 1984, S. 195
314 Vgl. Wieckenberg, Ernst-Peter: Der Erzähler Wolfgang Koeppen. In: Arnold, Heinz Ludwig (Hg.): Geschichte der deutschen Literatur aus Methoden. Westdeutsche Literatur von 1945-71, Band 1, Frankfurt/Main 1972, S. 200-201
315 Barthes, Roland: Sade. Fourier. Loyola [zuerst 1971], Frankfurt/Main 1986, S. 14

4 Ausblick

In den Essays Koeppens kann man drei Ebenen ausmachen, auf denen der Text agiert. Als nicht-fiktionale Gebrauchstexte fließen in die Porträts die Biographien anderer Dichter ein. Die Repräsentation dieser gelebten Wirklichkeit mit allen darin enthaltenen Wertungen, Erinnerungen, Hoffnungen ist eine bereits gedeutete Wirklichkeit, also ideologische Wirklichkeit[316] - die Scherpe das ideologische Projekt nennt[317] -, und Koeppen formuliert im imaginären Projekt mit der ihm eigenen Schreibweise, der *écriture*, daraus einen Essay-Text. Auch bei den nicht-fiktionalen Texten gibt es eine den Romanen vergleichbare, symbolische Ordnung, quasi eine Ideologie der Essayform. Zur Beschreibung der Struktur der Schreibweise geben strukturalistische Methoden der Stilistik einen Apparat zur Hand, der geeignet ist, von einer impressionistischen Emphase zu einer exakteren Analyse zu führen. Doch dort, wo auf einer dritten Ebene, - Scherpe spricht von der Allusion[318] - , Brüche in der Schreibweise sichtbar werden, wo das Unbewußte sich in der Struktur der Sprache niederschlägt und einen ganz anderen Text, als den den Koeppen intendiert, offenbar werden läßt, wird ein Mangel spürbar, nämlich die Fragwürdigkeit, wenn nicht gar der Verlust der Identität. Diese Allusion ist mit den herkömmlichen Methoden der literarischen Textanalyse nicht zu erfassen. Scherpe selbst weist darauf hin, daß es keine direkten Beweise für diesen Mangel gibt, doch die "Brüchigkeit im Wortlaut des Textes, seine Inkohärenz, seine unendliche Beredsamkeit als Artikulation eines Nicht-Sagbaren lassen sich als indirekte Beweisstücke anführen."[319] In der vorliegenden Studie wurde unter anderem versucht, jene Stellen aufzuzeigen, an denen Ansätze der französischen Texttheorien greifen könnten, um einen methodischen Denkzusammenhang herzustellen, der die Allusion nicht im Vagen beläßt. Die Komplexität und Vielfalt der Theorien erlaubte zwar innerhalb des hier gegebenen Rahmens keine konsequente Analyse; das Ziel war jedoch, der Essay-Forschung bei Koeppen einen neuen Weg zu weisen.

Wolfgang Koeppens essayistisches Werk hat in seiner Gesamtheit die Struktur eines Netzes, an dessen Verknüpfungen immer neue Essays geschrieben werden könnten; genau dieses Bild benutzt er selbst bei der Beschreibung der Texte von Grimmelshausen:

---

[316] Vgl. Scherpe 1984, S. 7
[317] Vgl. Scherpe 1984, S. 8-9
[318] Vgl. Scherpe 1984, S. 9
[319] Scherpe 1984, S. 23

86

In seinen Büchern ist das erzählende Ich immer und nie Grimmelshausen. Der war ein in die Zeit gehängtes Netz; da fingen sich Fabeln, Historien, Nachrichten, Gehörtes und Gelesenes, Schwänke, Chroniken, Skandalgeschichten, Moritaten, Bordellgespräche, Predigten, schöne oder böse Träume, er nahm sich, wie Brecht was heraus, bereitete es mit Phantasie, tat sich hinein, zauberte Meisterstücke, war ein Genie. (GW 6, 65)

Es fällt, trotz der Verschiedenheit von Leben und Werk der einzelnen Porträtierten, die immerwährende Gleichförmigkeit von Struktur und Inhalt auf. Man kann Koeppens Essays in einem Makrokontext[320] sehen, und zwar insofern, als sich jeder einzelne Text als ein austauschbares Glied in eine Kette immer gleich aufgebauter Aufsätze einfügen läßt. Das essayistische Werk Koeppens hat damit den Charakter einer unendlich fortdauernden, immer wieder neue Möglichkeiten zu Texten bergenden Reihe, in der nur jeweils der Schriftsteller, über den Koeppen schreibt, ausgetauscht werden muß. Diese Struktur des essayistischen Gesamtwerkes deckt sich mit der Struktur der Essays, ja bis hinein in die Struktur der Sprache mit ihrer Vorliebe für Metonymien, die fortwährend ersetzbare Reihungen erzeugen. Man kann in der metonymischen Reihe der Porträts den unendlichen Versuch Wolfgang Koeppens, von sich selbst zu sprechen, sehen, die Suche nach dem abwesenden Subjekt, die erfolglos bleiben muß.

Koeppen befindet sich in dem Dilemma, entweder zu einer *écriture blanche* - wie Barthes sie beschreibt - zu gelangen, damit aber seine Identität als bürgerlicher Schriftsteller zum Verstummen zu bringen, oder den Rückzug in eine konventionelle Erzählhaltung anzutreten. Da für Koeppen Schreibarbeit immer auch Identitätsarbeit und Versuch der Lebensbewältigung, ja Leben selbst ist, sieht er sich nicht in der Lage, sich im "selbstvergessenen Schreiben" (Treichel) zu verlieren. Auf der anderen Seite hat er auch den Standort eines traditionellen Erzählers überwunden und sieht die traditionelle Erzählhaltung des bürgerlichen, realistischen Romans als Lüge an. Im Schweigen eine unbeschädigte Identität zu finden, weil Sprache im Schweigen entmachtet wird, ist auch nicht möglich, da Koeppen sein Leben *literarisiert* hat und ohne Schreiben nicht existieren kann. So sucht er eine Gratwanderung mit Hilfe der Form des Essays. Er kann in den Essays seine unerbittliche Zeitkritik genauso massiv zum Ausdruck bringen wie in den Romanen, kann sich durch eine perfekte Mimikry in der Maske der Porträtierten auf die Suche nach sich selbst begeben, ohne eine Selbstentblößung in Kauf zu nehmen, und der referentielle Bezug des Gebrauchstextes bietet ihm einen Standpunkt außerhalb der Fiktion, die er als Lüge empfindet, an dem er

---

[320] Vgl. Riffaterre 1983, S. 73-81

festhalten kann, wenn die Sprache des Unbewußten ihn mitzureißen droht. "Für Koeppen bleibt es eine existentiell notwendige Gratwanderung zwischen Zurückfallen in eine konservative Erzählhaltung und Abgleiten in die Unendlichkeit des sich selbst verlierenden Sprechens."[321] Koeppen porträtiert die Dichter der Moderne sowie zeitgenössische Autoren und schreibt damit eine sehr persönliche und eigenwillige Literaturgeschichte, in die nur die *elenden Skribenten* aufgenommen werden und die endlos lange fortgesetzt werden könnte - ein unendliches Buch. Anhand einer Anekdote über Gustave Flaubert, die Koeppen berichtet (GW 5, 350) - der Schriftsteller, wurde in einer Gesellschaft gebeten, einen Geburtstagsgruß für einen gemeinsamen Freund zu formulieren, er zog sich für lange Zeit zurück und kehrte lediglich mit dem Text "freundliche Grüße" wieder -, weist Treichel nach, daß gerade durch selektive Arbeit am Text dessen Abwesenheit erzeugt wird:

> Der Schriftsteller also, der eigentliche Souverän über das Wort und die Sprache, wird hier als der eigentlich Gefährdete gekennzeichnet, als derjenige, dessen Arbeit nicht nur ein Hervorbringen von Sprache ist, sondern auch ein 'Vernichten': ein Produktionsprozeß, der immer auch ein Destruktionsprozeß ist.[322]

In Wolfgang Koeppens Texten verbirgt sich die Angst vor einem Verstummen, das sich ihm in diesem Destruktionsprozeß gefährlich nähert und der eigenen Vernichtung gleichkäme. Er sieht in der Textarbeit einen für das Dichtersubjekt todbringenden Dämon lauern, wenn er Lautréamonts Tod so beschreibt: "Den Dichter fand man tot in der gemieteten Kammer. Es hieß, er sei an der Schwindsucht gestorben. Niemand kam auf die Idee, daß der Dämon ihn erwürgt habe" (GW 6, 141).

---

[321] von Briel 1987, S. 119
[322] Treichel 1984, S. 10

Literatur

Werke von Wolfgang Koeppen

Bibliographie

Alfred Estermann: Eine Bibliographie. In: Oehlenschläger, Eckart (Hg.): Wolfgang Koeppen, Frankfurt/Main 1987, S. 385-469

Werkausgabe

Koeppen, Wolfgang: Gesammelte Werke in sechs Bänden, hg. v. Marcel Reich-Ranicki in Zusammenarbeit mit Dagmar von Briel und Hans-Ulrich Treichel, Frankfurt 1986 [im Text zitiert als (GW *Bandzahl in römischen Ziffern, Seitenzahl*)]

Koeppen, Wolfgang: Die elenden Skribenten. Aufsätze, hg. v. Marcel Reich-Ranicki, Frankfurt/Main 1981

Unselbständige Veröffentlichungen

Köppen [sic!], Wolfgang: Mode und Expressionismus. In: Greifswalder Zeitung Nr. 260 vom 6. November 1923

Koeppen, Wolfgang: Lenz. In: Fränkischer Volksfreund Nr. 260 vom 19. November 1926

Koeppen, Wolfgang: Englische Gesellschaftskomödie. In: Blätter des Stadttheaters Würzburg 1926/27, Heft 1, S. 9-10

Koeppen, Wolfgang: Grabbe. In: Blätter des Stadttheaters Würzburg 1926/27, Heft 14, S. 116-118

Koeppen, Wolfgang: Schund, unveröffentlicht

Koeppen, Wolfgang: Siegfried Jacobsohn, unveröffentlicht

Koeppen, Wolfgang: Kartoffelbuddler in Pommern. In: Die Rote Fahne Nr. 231 vom 30. September 1928 (GW 5, 13)

Koeppen, Wolfgang: Der Heizer wird toll. In: Die Rote Fahne Nr. 14 vom 17. Januar 1929

Koeppen, Wolfgang: Richard Eichberg zörgiebelt. In: Die Weltbühne der Schaubühne Nr.10 vom 4. März 1930, S. 370-371

Koeppen, Wolfgang: *Komplexe*. Träumerei. In: Keiser-Hayne, Helga: Beteiligt euch, es geht um eure Erde. Erika Mann und ihr politisches Kabarett die "Pfeffermühle" 1933-1937, München 1990, S. 38-39

Koeppen, Wolfgang: "Betragen ungenügend". In: Berliner Börsen-Courier Nr. 350 vom 29. Juli 1933

Koeppen, Wolfgang: Die Verlobung. Eine Erzählung. In: Kölnische Zeitung Nr. 1 vom 1. Januar 1941

Koeppen, Wolfgang: Die große Befreiung. Zu einer Einführung in den Zen-Buddhismus. In: Das Reich Nr. 10 vom 9. März 1941

Koeppen, Wolfgang: Am frühen Morgen. Erzählung. In: Kölnische Zeitung Nr. 164 vom 30. März 1941

Koeppen, Wolfgang: Fische, die nach Luft schnappen. In: Der Ruf Nr.12 vom 15. Juni 1948, (GW 3, 139)

Interviews

Arnold, Heinz Ludwig: Gespräch mit Wolfgang Koeppen. In: Gespräche mit Schriftstellern, München 1975, S. 109-141

Krüger, Horst: [Gespräch mit Wolfgang Koeppen] In: Werner Koch (Hg.): Selbstanzeige. Schriftsteller im Gespräch, Frankfurt/Main 1971, S. 57-66

Linder, Christian: Im Übergang zum Untergang. Über das Schweigen Wolfgang Koeppens. In: Akzente 19 (1972), S. 41-63

Mauranges, Jean-Paul: Interview de Wolfgang Koeppen, le 22 juillet 1974, à Munich. In: Wolfgang Koeppen - Littérature sans frontière, Bern, Frankfurt/Main und Las Vegas 1978, (Kanadische Studien zur deutschen Sprache und Literatur; 18) S. 245-254

Mechtel, Angelika: Wolfgang Koeppen. In: Alte Schriftsteller in der Bundesrepublik. Gespräche und Dokumente, München 1972, S. 55-58

Müller-Waldeck, Gunnar: Mein Zuhause waren die großen Städte. Gespräch mit Wolfgang Koeppen vom April 1993. In: neue deutsche literatur 41 (1993), Heft 487, S. 12-20

Prümm, Karl / Schütz, Erhard: 'Die Situation war schizophren'. Schreibheft-Gespräch mit Wolfgang Koeppen über seinen Roman 'Die Mauer schwankt'. In: Schreibheft 1983, Nr. 21, S. 7-11

Koeppen, Wolfgang: Ohne Absicht: Gespräch mit Marcel Reich-Ranicki in der Reihe "Zeugen des Jahrhunderts" hg. v. Hermann, Ingo, Göttingen 1994

Sauter, Josef-Hermann: Gespräch mit Wolfgang Koeppen. In: Sinn und Form 38 (1986), S. 543-555

Schmitz, Walter: Gespräch mit Wolfgang Koeppen In: Deutsche Bücher 14 (1984), S. 161-168

Schröder, Peter [= Christian Linder]: Das Interview. Wolfgang Koeppen. In: der zeppelin, Heft 1 vom März 1967, S. 28-29

Schröder, Peter [= Christian Lindner]: Lob der Einsamkeit. In: Frankfurter Rundschau vom 13. September 1969

Sendker, Jan-Philipp: Das Schlimme geschieht, ob man schreibt oder schweigt. In: Literatur Konkret 1984/85, Nr. 9, S.79-80

Weitere Literatur

Adam, Wolfgang: Der Essay. In: Knörrich, Otto (Hg.): Formen der Literatur in Einzeldarstellungen, Stuttgart 1981, S. 88-98

Adorno, Theodor W.: Der Essay als Form. In: Noten zur Literatur [zuerst 1958], Frankfurt/Main 1981, S. 9-33

Adorno, Theodor W.: Standort des Erzählers im zeitgenössischen Roman. In: Noten zur Literatur [zuerst 1958], Frankfurt/Main 1981, S. 41-48

Anders, Günther: Die Antiquiertheit des Menschen, Band 2: Über die Zerstörung des Lebens im Zeitalter der dritten industriellen Revolution [zuerst 1980], München 41987

Arnold, Heinz Ludwig (Hg.): Wolfgang Koeppen, Text und Kritik, München 1972, Heft 34

Der Autor und sein Material. Gottfried Benn: Kalthalten. In: Deutsche Zeitung vom 15./16. Dezember 1962

Bachtin, Michail: Probleme der Poetik Dostoevskijs, München 1971

Barthes, Roland: Elemente der Semiologie [zuerst 1964], Frankfurt/Main 1983

Barthes, Roland: Leçon/Lektion. Antrittsvorlesung im Collège de France. Gehalten am 7. Januar 1977, Frankfurt/Main 1980

Barthes, Roland: Literatur oder Geschichte [zuerst 1963], Frankfurt/Main [3]1981

Barthes, Roland: Die Lust am Text [zuerst 1973], Frankfurt/Main 1984

Barthes, Roland: Am Nullpunkt der Literatur [zuerst 1953], Frankfurt/Main 1982

Barthes, Roland: Sade. Fourier. Loyola [zuerst 1971], Frankfurt/Main 1986

Basker, David: 'Für einen werdenden Schriftsteller keine schlechte Lehre': Wolfgang Koeppen's Literary Career Pre - 1945. In: The Modern Language Review 88 (1993), S. 666-686

Baumgart, Reinhard: Die Jünger des Interessanten. In: Merkur 11 (1957), S. 599-604

Beekmann, Klaus: Essay und Essayismus und die Grenzen der modernen Literatur. In: Avant Garde 1 (1987), Nr. 0, S. 15-25

Belke, Horst: Literarische Gebrauchsformen, Düsseldorf 1973 (Grundstudium Literaturwissenschaft; Hochschuldidaktische Arbeitsmaterialien; 9)

Benjamin, Walter: Das Kunstwerk im Zeitalter seiner technischen Reproduzierbarkeit [zuerst in Französisch, 1936] In: Das Kunstwerk im Zeitalter seiner technischen Reproduzierbarkeit. Drei Studien zur Kunstsoziologie, Frankfurt/Main [11]1979, S. 7-44

Bense, Max: Der Essay und seine Prosa. In: Plakatwelt. Vier Essays. Stuttgart 1952, S. 23-36

Berger, Bruno: Der Essay. Form und Geschichte, Bern und München 1964 (Sammlung Dalp, 95)

Beu, Andrea: Wolfgang Koeppen. "Jugend". Beiträge zu einer Poetik der offenen Biographie, Essen 1994 (Allgemeine Literatur- und Sprachwissenschaft; 4)

Blaudzuhn, Kati: Identitätsverlust und Identitätssuche, Diss. phil. Universität Rostock 1989

Blumensath, Heinz (Hg.): Strukturalismus in der Literaturwissenschaft, Köln 1972 (Neue Wissenschaftliche Bibliothek, Literaturwissenschaften; 43)

Bohrer, Karl Heinz: Ausfälle gegen die kulturelle Norm. Erkenntnis und Subjektivität - Formen des Essays. In: Literaturmagazin 6: Die Literatur und die Wissenschaften, hg. Nicolas Born und Heinz Schlaffer, Hamburg 1976, S. 15-29

Bosse, Heinrich: Die vierte Gattung. In: Sprache im technischen Zeitalter 1970, Heft 33, S. 78-82

Briel, Dagmar von: Wolfgang Koeppens Essayistik. Gratwanderung zwischen konservativer Erzählhaltung und Unendlichkeit des sich selbst verlierenden Sprechens. In: Eckart Oehlenschläger (Hg.): Wolfgang Koeppen, Frankfurt/Main 1987, S. 109-121

Brütting, Richard: "écriture" und "texte". Die französische Literaturtheorie "nach dem Strukturalismus". Kritik traditioneller Positionen und Neuansätze, Bonn 1976, (Abhandlungen zur Kunst-, Musik- und Literaturwissenschaft; Bd. 213)

Bungter, Georg: Über Wolfgang Koeppens "Tauben im Gras". In: Greiner, Ulrich (Hg.): Über Wolfgang Koeppen, Frankfurt/Main 1976, S. 186-197

Döhl, Reinhard: Wolfgang Koeppen. In Greiner, Ulrich (Hg.): Über Wolfgang Koeppen, Frankfurt/Main 1976, S.163-185

Dubois, Jacques [u.a.]: Allgemeine Rhetorik, hg. v. Armin Schütz, München 1974

Endres, Ria: Am Ende angekommen. Dargestellt am wahrhaften Dunkel der Männerporträts des Thomas Bernhard, Frankfurt/Main 1980

Erlach, Wolfgang Koeppen als zeitkritischer Erzähler, Uppsala 1973 (Acta Universitatis Upsaliensis - Studia Germanistica Upsaliensia; 11)

Exner, Richard: Zum Problem einer Definition und einer Methodik der Essays als dichterische Kunstform. In: Neophilologus 46 (1962), S. 169-182

Fischer, Andreas: Studien zum historischen Essay und zur historischen Porträtkunst an ausgewählten Beispielen, Berlin 1968

Frank, Manfred: Was ist Neostrukturalismus? Frankfurt/Main 1983

Frey, Hans-Jost: Der unendliche Text, Frankfurt/Main 1990

Friedrich, Hugo: Die Struktur der modernen Lyrik. Von der Mitte des neunzehnten bis zur Mitte des zwanzigsten Jahrhunderts [zuerst 1956], Reinbek bei Hamburg, erweiterte Neuausgabe 1985

Gallas, Helga: Der Hunger nach Sinn. Notizen zum Schreiben. In: Freiburger literaturpsychologische Gespräche, Band 4, Würzburg 1985, S. 51-63

Gallas, Helga: Das Textbegehren des 'Michael Kohlhaas'. Die Sprache des Unbewußten und der Sinn der Literatur, Reinbek bei Hamburg 1981

Gehlen, Arnold: Die Seele im technischen Zeitalter. Sozialpsychologische Probleme in der industriellen Gesellschaft [zuerst 1957], Hamburg [13]1972

Greiner, Ulrich (Hg.): Über Wolfgang Koeppen, Frankfurt/Main 1976

Grill, Michael: Die Kunst des Essays gepflegt. In: Süddeutsche Zeitung Nr. 276 vom 1. Dezember 1994

Haas, Gerhard: Essay, Stuttgart 1969 (Sammlung Metzler; M 83)

Haberkamp, Klaus: Wolfgang Koeppen, "Bienenstock des Teufels" - Zum naturhaft-mythischen Geschichts- bzw. Gesellschaftsbild in den Nachkriegsromanen. In: Wagener, Hans (Hg.): Zeitkritische Romane des 20. Jahrhunderts. Die Gesellschaft in der Kritik der deutschen Literatur. Stuttgart 1975, S. 241-275

Habermas, Jürgen: Der philosophische Diskurs der Moderne. Zwölf Vorlesungen, Frankfurt/Main [2]1989

Habermas, Jürgen: Strukturwandel der Öffentlichkeit. Untersuchungen zur einer Kategorie der bürgerlichen Gesellschaft [zuerst 1960], Frankfurt/Main 1990

Hamburger, Michael: *Essay über den Essay.* In: Akzente 12 (1965), S. 290-292

Hardt, Manfred: Julia Kristeva. In: Lange, Wolf-Dieter (Hg.): Französische Literaturkritik der Gegenwart in Einzeldarstellungen, Stuttgart 1975, S. 309-325

Haverkamp, Anselm (Hg.): Theorie der Metapher, Darmstadt 1983 (Wege der Forschung; 389)

Heißenbüttel, Helmut: Literatur als Aufschub von Literatur? Über den späten Wolfgang Koeppen. In: Text und Kritik, Wolfgang Koeppen, München 1972, Heft 34, S. 33-37

Heißenbüttel, Helmut: Wolfgang Koeppen-Kommentar. In: Greiner, Ulrich (Hg.): Über Wolfgang Koeppen, Frankfurt/Main 1976, S. 151-162

Hennecke, Hans: Die vierte literarische Gattung. Reflexionen über den Essay. In: Kritik. Gesammelte Essays zur modernen Literatur, Gütersloh 1958, S.7-10

Hielscher, Martin: Wolfgang Koeppen. München 1988

Hielscher, Martin: Zitierte Moderne. Poetische Erfahrung und Reflexion in Wolfgang Koeppens Nachkriegsromanen und in "Jugend", Heidelberg 1988 (Beiträge zur neueren Literaturgeschichte Folge 3; 75)

Hjelmslev, Louis: Die Sprache. Eine Einführung, Darmstadt 1968

Holenstein, Elmar: Die zwei Achsen der Sprache und ihre Grundlagen. In: Linguistik. Semiotik. Hermeneutik. Plädoyers für eine strukturale Phänomenologie, Frankfurt/Main 1976, S. 76-113

Horkheimer, Max: Gesammelte Schriften, hg. v. Alfred Schmidt, Band 6: Zur Kritik der instrumentellen Vernunft und Notizen 1949-1969, Frankfurt/Main 1991

Horst, Karl August: Das literarische Kuckucksei. In: Deutscher Geist zwischen Gestern und Morgen. Bilanz der kulturellen Entwicklung seit 1945, hg. v. Joachim Moras und Hans Paeschke unter Mitwirkung von Wolfgang Einsiedel, Stuttgart 1954, S. 371-381

Jakobson, Roman: Randbemerkungen zur Prosa des Dichters Pasternak [zuerst 1935]. In: Poetik. Ausgewählte Aufsätze 1921-1971, hg. v. Elmar Holenstein und Tarcisius Schelbert, Frankfurt/Main 1979, S. 192-211

Jakobson, Roman: Über den Realismus in der Kunst [zuerst 1921]. In: Poetik. Ausgewählte Aufsätze 1921-1971, hg. v. Elmar Holenstein und Tarcisius Schelbert, Frankfurt/Main 1979, S. 129-139

Jakobson, Roman: Zwei Seiten der Sprache und zwei Typen aphatischer Störungen [zuerst 1956] In: Aufsätze zur Linguistik und Poetik, hg. v. Wolfgang Raible, München 1974, S. 117-141

Jakobson, Roman / Lévi-Strauss, Claude: "Les Chats" von Charles Baudelaire. In: Blumensath, Heinz (Hg.): Strukturalismus in der Literaturwissenschaft, Köln 1972 (Neue Wissenschaftliche Bibliothek; Literaturwissenschaften; 43) S. 184-201

Jameson, Fredric: Postmoderne - zur Logik der Kultur im Spätkapitalismus. In: Postmoderne. Zeichen eines kulturellen Wandels, hg. von Andreas Huyssen und Klaus R. Scherpe, Reinbek bei Hamburg 1986, S. 45-102

Jens, Walter : Melancholie und Moral. Wolfgang Koeppen. In: Walter Jens: Von deutscher Rede. München 1969, S. 200-213

Just, Klaus Günther: Essay. In: Stammler, Wolfgang: Deutsche Philologie im Aufriß, Band II, Berlin ^{2}1960

Kafitz, Dieter: Ästhetischer Radikalismus. Zur Kunstauffassung Wolfgang Koeppens. In: Oehlenschläger, Eckart (Hg.): Wolfgang Koeppen, Frankfurt/Main 1987, S. 75-88

Kafitz, Dieter: Die Appellfunktion der Außenseitergestalten: Zur näheren Bestimmung des Realismus der mittleren und späten Romane Wilhelm Raabes. In: Wilhelm Raabe. Studien zu seinem Leben und Werk. Aus Anlaß des 150. Geburtstages (1831-1981) hg. v. Leo A. Lensing und Hans-Werner Peter, Braunschweig 1981, S. 51-76

Kayser, Wolfgang: Das sprachliche Kunstwerk. Eine Einführung in die Literaturwissenschaft, Bern 1948

Keiser-Hayne, Helga: Beteiligt euch, es geht um eure Erde. Erika Mann und ihr politisches Kabarett die "Pfeffermühle" 1933 - 1937, München 1990

Koch, Manfred: Wolfgang Koeppens Literatur zwischen Nonkonformismus und Resignation, Stuttgart, Berlin, Köln und Mainz 1973

Kolbe, Jürgen (Hg.): Ansichten einer künftigen Germanistik, München 1969,

Kolbe, Jürgen (Hg.): Neue Ansichten einer künftigen Germanistik, München 1973

Kosellek, Reinhart: Kritik und Krise. Eine Studie zur Pathogenese der bürgerlichen Welt [zuerst 1959], Frankfurt/Main 1992

Krüger, Horst: Der Radioessay. *Versuch einer Bestimmung.* In: Neue Deutsche Hefte 11 (1964), Nr.101, S. 97-110

Küntzel, Heinrich: Essay und Aufklärung. Zum Ursprung einer originellen deutschen Prosa im 18. Jahrhundert, München 1969

Lacan, Jacques: Die Ausrichtung der Kur und die Prinzipien ihrer Macht. (Vortrag beim Kolloquium von Royaumont 10.-13. Juli 1958.) V."Man muß das Begehren buchstäblich nehmen". In: Schriften 1, ausgewählt und hg. v. Norbert Haas, Frankfurt/Main 1975, S. 210-236

Lacan, Jacques: Das Spiegelstadium als Bildner der Ichfunktion, wie sie uns in der psychoanalytischen Erfahrung erscheint. (Bericht für den 16. Internationalen Kongreß für Psychoanalyse in Zürich am 17. Juli 1949.) In: Schriften I, ausgewählt und hg. v. Norbert Haas, Frankfurt/Main 1975, S. 61-70

Lang, Hermann: Die Sprache und das Unbewußte. Jacques Lacans Grundlegung der Psychoanalyse [zuerst 1973], Frankfurt/Main 1986

Lange, Wolf-Dieter (Hg.): Französische Literaturkritik der Gegenwart in Einzeldarstellungen, Stuttgart 1975

Langer, Anneliese: Zeit- und Kulturkritik: Wolfgang Koeppen über Thomas Mann: Untersuchung zu Stil und Struktur in 'Tauben im Gras' und 'Tod in Rom'. Diss. phil. University of Cincinati 1991

Lersch, Barbara: "Hervorbringen müssen, was einen vernichten wird". Mimik als poetisches Prinzip in Christa Wolfs Erzählung *Kassandra*. In: Deutsche Vierteljahrsschrift für Literaturwissenschaft und Geistesgeschichte 59 (1985), S. 145-166

Lettau, Reinhard (Hg.): Die Gruppe 47. Bericht. Kritik. Polemik. Ein Handbuch, Neuwied und Berlin 1967

Lüdke, W. Martin: Der verschwiegene Anarchist. In: Der Spiegel Nr.50 vom 7. Dezember 1981, S. 211

Lukács, Georg: Über Wesen und Form des Essays. Ein Brief an Leo Popper. In: Seele und die Formen. Essays, Berlin 1911, S. 3-39

Mannheim, Karl: Ideologie und Utopie [zuerst 1929], Frankfurt/Main 61978

Manthey, Jürgen: Wenn Blicke zeugen könnten. Eine psychohistorische Studie über das Sehen in Literatur und Philosophie, München 21984

Mauranges, Jean-Paul: Wolfgang Koeppen - Littérature sans frontières, Bern, Frankfurt/Main und Las Vegas 1978 (Kanadische Studien zur deutschen Sprache und Literatur; 18)

Mayer, Hans: Deutsche Literatur seit Thomas Mann, "Der totale Ideologieverdacht". In: Zur deutschen Literatur der Zeit. Zusammenhänge. Schriftsteller. Bücher, Reinbek bei Hamburg 1967, S. 300-320

Mill, John Stuart: Über die Freiheit [zuerst 1859], Stuttgart 1980

98

Mörchen, Hellmut: Nebensachen. Zu den Essays westdeutscher Autoren. In: Durzak, Manfred (Hg.): Deutsche Gegenwartsliteratur. Ausgangspositionen und aktuelle Entwicklungen, Stuttgart 1981, S. 359-373

Oehlenschläger, Eckart: Augenblick und exzentrische Spur. Zu Wolfgang Koeppens früher Prosa. In: Eckart Oehlenschläger (Hg.): Wolfgang Koeppen, Frankfurt/Main 1987, S. 122-140

Oehlenschläger, Eckart (Hg.): Wolfgang Koeppen, Frankfurt/Main 1987

Ott, Ulrich: Amerika ist anders: Studien zum Amerika-Bild in deutschen Reiseberichten des 20. Jahrhunderts, Frankfurt/Main, Bern, New York und Paris 1991 (Europäische Hochschulschriften: Reihe 1, Deutsche Sprache und Literatur; 1221)

Pagel, Gerda: Lacan zur Einführung, Hamburg 1989 (Zur Einführung; 49)

Pizer, John: From a Death in Venice to a Death in Rome. On Wolfgang Koeppen's Critical Ironization of Thomas Mann. In: Germanic Review 68 (1993), S. 98-107

Posner, Roland: Strukturalismus in der Gedichtinterpretation, S. 202-242, In: Blumensath, Heinz (Hg.): Strukturalismus in der Literaturwissenschaft, Köln 1972 (Neue Wissenschaftliche Bibliothek; Literaturwissenschaften; 43)

Potgieter, J.D.C.: Essay: Ein "Misch-Genre"? In: Wirkendes Wort 37 (1987), S. 193-205

Pott, Wilhelm H.: Autonomie und Heteronomie. Anmerkungen zur literaturwissenschaftlichen Problematik der Gebrauchstextdiskussion. In: Gebrauchsliteratur: Methodische Überlegungen und Beispielanalysen hg. von Ludwig Fischer, Knut Hickethier, Karl Riha, Stuttgart 1976, S. 19-37

Quack, Josef: Die Haltung des Beobachters. Pauschale Überlegungen zu Wolfgang Koeppen. In: Frankfurter Hefte 29 (1974), S. 823-834

Reich-Ranicki, Marcel: Wolfgang Koeppen. Wahrheit, weil Dichtung. In: Entgegnung. Zur deutschen Literatur der siebziger Jahre, Stuttgart 1979, S. 60-66

Reinhardt, Stephan: Politik und Resignation. Anmerkungen zu Wolfgang Koeppens Romanen. In: Arnold, Heinz Ludwig (Hg.): Wolfgang Koeppen, Text und Kritik, München 1972, Heft 34, S. 38-45

Riffaterre, Michael: Strukturale Stilistik, München 1973

Rohner, Ludwig: Der deutsche Essay. Materialien zur Geschichte und Ästhetik einer literarischen Gattung, Neuwied und Berlin 1966

Röttger-Denker, Gabriele: Roland Barthes zur Einführung, Hamburg 1989 (Zur Einführung; 50)

Ruttkowski, Wolfgang Viktor: Die literarischen Gattungen. Reflexionen über eine modifizierte Fundamentalpoetik, Bern und München 1968

Sahbi, Thabti: Aufbruch und Wiederkehr - Studien und Interpretationen zum Reisemotiv im zeitgenössischen Roman, dargestellt am Beispiel Wolfgang Koeppens, Alfred Anderschs und Max Frischs. Diss. phil. Münster 1981

Saussure, Ferdinand de: Grundfragen der Allgemeinen Sprachwissenschaft, hg. v. Charles Bally und Albert Sechehaye unter Mitwirkung von Albert Riedlinger, Berlin [2]1967

Schaefer, Ulfried: Der Essay und die aktuellen Probleme. Überlegungen zu einer zeitgemäßen Darstellung. In: Wirkendes Wort 37 (1987), S. 205-216

Scheffer, Bernd: Interpretation und Lebensroman. Zu einer konstruktivistischen Literaturtheorie, Frankfurt/Main 1992

Scherpe, Klaus R.: Erzwungener Alltag. Wahrgenommene und gedachte Wirklichkeit in der Reportageliteratur der Nachkriegszeit. In: Nachkriegsliteratur in Westdeutschland 1945-49. Schreibweisen, Gattungen, Institutionen, hg. v. Jost Hermand, Helmut Peitsch und Klaus R. Scherpe, Berlin 1982, (Argument-Sonderband; AS 83), S. 35-102

Scherpe, Klaus R.: Ideologie im Verhältnis zur Literatur: Versuch einer methodischen Orientierung am Beispiel von Wolfgang Koeppens Roman *Tauben im Gras*. In: The German Quarterly 57 (1984), S. 6-26

Schiwy, Günther: Der französische Strukturalismus. Mode - Methode - Ideologie, Reinbek bei Hamburg 1984

Schiwy, Günther: Poststrukturalismus und "Neue Philosophen", Reinbek bei Hamburg, überarbeitete Neuauflage 1985

Schlaffer, Hannelore / Schlaffer, Heinz: "Der kulturkonservative Essay im 20. Jahrhundert". In: Studien zum ästhetischen Historismus, Frankfurt/Main 1975, S. 140-172

Schlegel, Friedrich: Schriften zur Literatur, hg. v. Wolfdietrich Rasch, München [2]1985

100

Schlösser, Hermann: Reiseformen des Geschriebenen. Selbstdarstellung und Welterfahrung in Reisebüchern Wolfgang Koeppens, Rolf Brinkmanns und Hubert Fichtes, Wien, Köln und Graz 1987

Schon, Peter M.: Vorformen des Essays in Antike und Humanismus. Ein Beitrag zur Entstehungsgeschichte der Essais von Montaigne, Wiesbaden 1954 (Mainzer Romanistische Arbeiten; 1)

Schopenhauer, Arthur: Sämtliche Werke, textkritisch bearbeitet und hg. v. Wolfgang Frhr. von Löhneisen, Band IV: Parerga und Paralipomena. Kleine philosophische Schriften I, Darmstadt 1963

Schumacher, Hans: Der deutsche Essay im 20. Jahrhundert. In: Deutsche Literatur im 20. Jahrhundert. Strukturen und Gestalten, hg. v. Otto Mann und Wolfgang Rothe, Band I: Strukturen, Bern 5 1967, S. 267-284

Sengle, Friedrich: Vorschläge zur Reform der literarischen Formenlehre. Dichtung und Erkenntnis, Band 1, Stuttgart 2 1969

Sowinski, Bernhard: Deutsche Stilistik. Beobachtungen zur Sprachverwendung und Sprachgestaltung im Deutschen, Frankfurt/Main, überarbeitete Ausgabe 1982

Staiger, Emil: Grundbegriffe der Poetik [zuerst 1946], Zürich und Freiburg/Breisgau 8 1968

Stanitzek, Georg: Abweichung als Norm? Über Klassiker der Essayistik und Klassik im Essay. In: Voßkamp, Wilhelm (Hg.): Klassik im Vergleich. Normativität und Historizität europäischer Klassiken. DFG-Symposion 1990, Stuttgart und Weimar 1993 (Germanistische Symposien Berichtsbände; 13), S. 594-615

Starobinski, Jean: Die Ethik des Essays. Ein Gespräch. In: Neue Rundschau 98 (1987), Heft 1, S. 5-22

Széll, Zsuzsa: Essay und / oder / als Epik. In: Akten des VII. Internationalen Germanisten-Kongresses, Göttingen 1985, Tübingen 1986 (Schöne, Albrecht: Kontroversen, alte und neue, Band 10: Vier deutsche Literaturen? Literatur seit 1945 - nur die alten Modelle? Medium Film - das Ende der Literatur? Hg.v. Karl Pestalozzi, Alexander von Bormann und Thomas Koebner) S. 167-170

Teichmann, Gottfried: Psychoanalyse und Sprache. Von Saussure zu Lacan, Würzburg 1983 (Studien zur Anthropologie; 5)

Theis, Raimund: Roland Barthes. In: Lange, Wolf-Dieter (Hg.): Französische Literaturkritik der Gegenwart in Einzeldarstellungen, Stuttgart 1975, S. 252-278

Thomas, Johannes: Jacques Derrida. In: Lange, Wolf-Dieter (Hg.): Französische Literaturkritik der Gegenwart in Einzeldarstellungen, Stuttgart 1975, S. 234-251

Thomas, R. Hinton / van der Will: Wolfgang Koeppen. In: Der deutsche Roman und die Wohlstandsgesellschaft. Stuttgart 1969 (Sprache und Literatur; 52), S. 38-56

Todorow, Almut: Publizistische Reiseprosa als Kunstform: Wolfgang Koeppen. In: Deutsche Vierteljahrsschrift für Literaturwissenschaft und Geistesgeschichte 60 (1986), S. 136-165

Treichel, Hans-Ulrich: Fragment ohne Ende: eine Studie über Wolfgang Koeppen, Heidelberg 1984 (Reihe Siegen; Beiträge zur Literatur- und Sprachwissenschaft; 54)

Vom Hofe, Gerhard / Pfaff, Peter: Das Elend des Polyphem. Zum Thema der Subjektivität bei Thomas Bernhard, Peter Handke, Wolfgang Koeppen und Botho Strauß, Königstein/Taunus 1980

Voss, Dietmar: Wahrheit und Erfahrung im ästhetischen Diskurs. Studien zu Hegel, Benjamin, Koeppen, Frankfurt/Main 1983 (Europäische Hochschulschriften: Reihe 1, Deutsche Sprache und Literatur; 572)

Watzlawick, Paul: Selbsterfüllende Prophezeiungen. In: Watzlawick, Paul (Hg.): Die erfundene Wirklichkeit. Wie wissen wir, was wir zu wissen glauben? Beiträge zum Konstruktivismus, München und Zürich 71991, S. 91-110

Weissenberger, Klaus (Hg.): Prosakunst ohne Erzählen: die Gattungen der nicht-fiktionalen Kunstprosa, Tübingen 1985 (Konzepte der Sprach- und Literaturwissenschaft; 34)

Wieckenberg, Ernst-Peter: Der Erzähler Wolfgang Koeppen. In: Arnold, Heinz Ludwig (Hg.): Geschichte der deutschen Literatur aus Methoden. Westdeutsche Literatur von 1945-71, Band 1, Frankfurt/Main 1972, S. 194-204

Wolf, Christa: Kassandra, Darmstadt und Neuwied 31986

Wolf, Christa: Voraussetzungen einer Erzählung: Kassandra, Darmstadt und Neuwied [10]1986

Wolffheim, Hans: Der Essay als Kunstform. Thesen zu einer neuen Forschungs-aufgabe. In: Festgruß für Hans Pyritz zum 15.9.1955. Aus dem Kreise der Hamburger Kollegen und Mitarbeiter, Heidelberg 1955 (Sonderheft des Euphorion 1955), S. 27-30

Wozu noch Germanistik? Wissenschaft - Beruf - Kulturelle Praxis, hg. v. Jürgen Förster, Eva Neuland und Gerhard Rupp, Stuttgart 1989

Anhang

Verschneiter Weg

Nach einer Handschrift von 1467

Es ist ein Schnee gefallen
Und ist es doch nit Zeit,
Man wirft mich mit den Ballen,
Der Weg ist mir verschneit.

Mein Haus hat keinen Giebel,
Es ist mir worden alt,
Zerbrochen sind die Riegel,
Mein Stüblein ist mir kalt.

Ach Lieb, laß dich's erbarmen
Daß ich so elend bin,
Und schleuß mich in dein Arme!
So fährt der Winter hin.

Welteinsamkeit

Das Gedicht steht nun in Stephan Hermlins Deutschem Lesebuch, erschienen 1976 bei Reclam in Leipzig und bei Hanser in München. Hermlin nennt das Gedicht ein Volkslied, nach einer Handschrift von 1467. Es rührt, wie es sich da findet.

„Es ist ein Schnee gefallen." Es ist der Winter auf alten Bildern. Die Natur ist gewaltig, die Welt ist leer. Wir sind im Herbst des Mittelalters. Der Sultan hat Konstantinopel erobert, Papst Pius II. sucht gegen die Türken zu rüsten, das Konzil zu Basel hat die Reformation nicht gewagt, aber strenge Verfügungen gegen das Konkubinat der Kleriker, in Konstanz wurde Hus verbrannt, die Hussitenkriege bluteten, wie Bienen und Zugvögel schwärmen Pilger nach Rom, Habsburg hat sich die Kaiserkrone genommen, Gutenberg druckt die Bibel,

Kolumbus ist geboren.

Ein Mann geht den verschneiten Weg. Ist er nur ihm verschneit? Der Winter ist hart, die Landschaft unverdorben, die Natur, so weit zu sehen, noch in Gott. Aber der Mensch klagt „Man wirft mich mit den Ballen"; das sind mehr als jahreszeitliche Beschwerden. Die Schneebälle werfen nicht Kinder. Feste Burgen sind auf den Höhen, Adelsherren, Vögte, ein straffes Regiment, eine Verwaltungsreform, neue Gesetze, Raubritter, Gesetzlosigkeit, Strauchdiebe, Galgen, das Patronsrecht der ersten Nacht. Verschneit ist Gegenwart und Zukunft, der Weg vermauert, und was der Mann begehrt, wird unerreichbar sein.

„Mein Haus hat keinen Giebel." Der Mann ist arm. Er fühlt sich alt mit dem altgewordenen Haus. Ein neues wird er nicht schaffen. Das Haus ist krank. Es schützt nicht mehr: „Zerbrochen sind die Riegel". Die ganze Schöpfung kann bei ihm eindringen, das Unheil ringsumher. Den Mann friert. Das macht nicht nur der Frost. Beschränkung nützt nichts. Die kleine Existenz in Einsamkeit, Bescheidenheit ist für die Wölfe offen.

„Ach Lieb, laß dich's erbarmen." Ist es ein Liebesgedicht? Ist der Mann mit Liebe geschlagen? Gehört Liebe zu den Plagen? Er weiß nicht, ob Liebe noch im Stüblein wartet, ob sie gegangen oder gar gestorben ist. Liebe, er könnte es erkennen, möchte das Unerreichbare sein. Der Mann ist so elend, daß er gar nichts hat, er steht nackt im Schnee, gestoßen in eine unheimliche, nun endlose Welt, unbegreiflich selbst sein verfallenes Haus, der verschneite Weg, der böse Ballenwurf von unsichtbaren Mächten, die Sehnsucht nach den warmen Armen der Geliebten, die schon verloren ist oder nie zu haben war.

Beginn der Renaissance. Zerfall des alten Glaubens. Vorabend der Reformation. Ausbreitung des Alphabets. Entdeckung Amerikas. Was hilft es dem Mann? War es ein Volkslied auf verschneitem Weg, ein Liebesgedicht in der Vereisung? Wer bewahrte die Schrift des namenlosen Dichters? Wollte Gott etwas sagen? (GW 6, 433-434)